A CONQUISTA DA FELICIDADE

BERTRAND Russell
A CONQUISTA DA FELICIDADE

TRADUÇÃO: LUIZ GUERRA
PREFÁCIO: JÚLIO POMPEU

7ª edição

EDITORA
NOVA
FRONTEIRA

Título original: *The Conquest of Happiness*
© The Bertrand Russell Peace Foundation 1996.

Todos os direitos reservados. Tradução autorizada da edição em inglês publicada pela Routledge, membro do Taylor & Francis Group, copirraite de The Bertrand Russell Peace Foundation.

Direitos de edição da obra em língua portuguesa no Brasil adquiridos pela EDITORA NOVA FRONTEIRA PARTICIPAÇÕES S.A. Todos os direitos reservados. Nenhuma parte desta obra pode ser apropriada e estocada em sistema de banco de dados ou processo similar, em qualquer forma ou meio, seja eletrônico, de fotocópia, gravação etc., sem a permissão do detentor do copirraite.

EDITORA NOVA FRONTEIRA PARTICIPAÇÕES S.A.
Rua Candelária, 60 — 7o andar — Centro — 20091-020
Tel.: (21) 3882-8200

Imagem de capa: Stock-cagkansayin

DADOS INTERNACIONAIS DE CATALOGAÇÃO
NA PUBLICAÇÃO (CIP)

R961c   Russell, Bertrand, 1872-1970
          A conquista da felicidade / Bertrand Russell; traduzido por Luiz Guerra. – 7.ed. – Rio de Janeiro Nova Fronteira, 2023.

          Título original: The Conquest of Happiness
          ISBN: 978-65-5640-191-1

          1. Literatura inglesa – filosofia. I. Guerra, Luiz. II. Título.

                               CDD: 823
                               CDU: 821.111

André Queiroz – CRB-4/2242

CONHEÇA OUTROS LIVROS DA EDITORA:

Sumário

Prefácio à felicidade — Júlio Pompeu 7
Prefácio do autor 11

Primeira parte
Causas da infelicidade 15

1 — O que torna as pessoas infelizes? 17
2 — Infelicidade byroniana 25
3 — Competição 37
4 — Tédio e excitação 44
5 — Fadiga 51
6 — Inveja 60
7 — Sentimento de pecado 68
8 — Mania de perseguição 77
9 — Medo da opinião pública 86

Segunda parte
Causas da felicidade 95

10 — A felicidade ainda é possível? 97
11 — Entusiasmo 106
12 — Afeição 116
13 — Família 123
14 — Trabalho 136
15 — Interesses impessoais 143
16 — Esforço e resignação 150
17 — O homem feliz 157

Prefácio à felicidade

Mundo afora, de sol a sol, pessoas vivem movidas por duas — e só duas — poderosas forças: a necessidade e a felicidade. A necessidade parece a mais forte dentre elas. Afinal, se você estiver faminto, perto do desfalecimento, e tiver que optar entre comer e assistir ao último show da sua banda preferida, provavelmente você se atracaria a um prato de comida cantando as músicas de que tanto gosta. Quando se vive regido pelas necessidades, nos extremos da fome, da sede, do medo e de tantas outras aflições causadas pela falta de algo essencial à própria existência, ser feliz parece apenas uma questão de ter o necessário. Animais parecem viver assim. Bem nutrido de alimento e água, um leão pode se dizer feliz. Mas e nós? Realmente nos tornaríamos felizes se tivéssemos tudo de que necessitamos? Ou haveria apenas um breve contentamento pela superação da necessidade? A infelicidade do sujeito rico pode ser uma pista para esta resposta.

    Claro que há muitos no mundo que vivem dominados pelo fantasma das necessidades. Vítimas das mais hediondas injustiças e perversidades. Também há outros tantos infelizes que, mesmo tendo mais do que o suficiente para a sobrevivência, são abatidos pelas mais terríveis tragédias, como morte de quem se ama ou as dores lancinantes de alguma doença incurável. Ambos são infelizes porque têm coisas mais importantes com que se preocuparem do que a busca da felicidade. Este livro não é para estes sofredores. Não há receitas mágicas de como transformar indigência em abundância ou algum doloroso sofrimento moral em alegria contagiante. Se você busca saídas mágicas para estas condições, lamento, não há saída mágica.

    Então para quem é este livro? Se você o está agora folheando numa livraria ou então lendo esta apresentação pela internet, então é para você. Eu sei que, às vezes, há uma dificuldade ou outra em sua vida. Que, às vezes, falta alguma coisa, mas, acredite, se você pode entrar em uma livraria ou navegar na internet, ainda que a vida tenha suas dificuldades e muito do que faça seja mais por obrigação do que por prazer, você não está a viver regido pela necessidade. Ela é apenas uma eventualidade em sua vida. É mais ou menos a diferença entre ter fome porque não almoçou hoje, mas sabe que jantará — e compensará o jejum — e ter fome por não ter e sequer saber quando terá o que comer. Este livro, portanto, é para quem, superada a necessidade, vive a se perguntar o que fazer da vida para ser feliz.

É para o infeliz do quotidiano da vida contemporânea que, apesar de estar livre dos sofrimentos mais naturais, ainda assim sofre. Para o infeliz de uma infelicidade que um leão teria imensa dificuldade em entender.

Russell não é psicólogo, tampouco médico ou curandeiro. É um observador do dia a dia, um filósofo, um escritor genial que nos sugere uma cura para a infelicidade ordinária deste mundo moderno em que nos enfiamos. Em que boa parte das tristezas vêm de fora de nós mesmos. Dos modos como organizamos esta vida civilizada ou, se preferir, desta entidade meio amorfa e plural que costumamos chamar de sociedade. Ou, ainda, dos outros que nos aporrinham.

Um livro que se propõe útil para vencer a chaga da infelicidade poderia apontar as circunstâncias materiais da infelicidade como uma má política ou economia. Poderia sugerir grandes transformações. Arquitetar uma utopia social em que todos seriam felizes para sempre, como num conto de fadas. Ou dar-lhe um passo a passo para a felicidade que seria simples, tão simples de ser atingida, que você, leitor esperto, deveria se perguntar o porquê de tanta gente neste mundo ser infeliz.

Lúcido que é, Russell não nos propõe um caminho e nem uma utopia, mas um modo de pensar as causas da infelicidade e as da felicidade. Assim, nesta ordem. Afinal, aprendemos com as ciências que conhecer alguma coisa é conseguir identificar a causa dessa coisa. Sobretudo nas coisas da vida em que nada é substância, antes, tudo é processo, fenômeno, acontecimento. A infelicidade e a felicidade não são da substância de ninguém. Ninguém está condenado a ser infeliz ou feliz sempre, em todo momento, a vida inteira. Infelicidade e felicidade acontecem em nossas vidas. Muitas vezes, se sucedendo. Noutras, numa má distribuição de tristezas e alegrias, mais presença de infelicidades que felicidades. O fato é que se elas acontecem em nossas vidas e, como todo acontecimento, têm suas causas. Compreendê-las, certamente é ganho no esforço pela felicidade.

A vida não é fácil. Nem há fórmula mágica. Há dificuldades por todas as partes. Dentro e fora de nós. Cada uma é o suficiente para render horas de reclamações. Reclamar da vida, aliás, é quase um esporte para alguns. Para outros, um hobby. Para outros, ainda, uma necessidade! Geralmente, culpamos as coisas fora de nós. Maldizemos do murrinha no trânsito que nos rouba segundos de viagem ao cretino distante que diz coisas irritantes nas redes. Tudo e qualquer um pode ser alvo de um espírito que só vê infelicidade no mundo fora de si.

Para gente assim, lembramos do conselho estoico: há coisas que podemos controlar e coisas que não podemos controlar. Só faz sentido nos preocuparmos com as coisas que podemos controlar, como os nossos pensamentos e, talvez, sentimentos. Convidamos a desviar o foco das aporrinhações fora de nós para outras dentro de nós. Indicamos que a luta pela felicidade se dá na guerra civil de nossas ideias e sentimentos. Fosse assim, a busca pela felicidade se resumiria a muita meditação, dieta equilibrada para o corpo não perturbar o espírito, e vida simples, que seria sinônimo de encontrar o menor número possível de pessoas e coisas a fazer, todas uma ameaça de nos distrair da busca da felicidade em nós mesmos.

Bem, o que Russell nos propõe não é nada disso. E aí está um importante mérito de sua obra. Ela não é mais do mesmo neste mundo literário de profetas do alegramento em que todos repetem quase sempre as mesmas fórmulas. Ame-se, cuide-se, divirta-se. Em comum a tudo isso, o "-se". Cada um é que pode experimentar felicidade ou infelicidade nesta sua experiência sensível e pensante que costuma chamar de vida, é um fato, mas o que Russell nos demonstra é que a fuga da infelicidade e alcance da felicidade depende de conseguirmos deixar um pouco de lado este "nós mesmos".

Não é um desvio ou escolha entre um caminho para a felicidade em direção a coisas fora de nós ou às de dentro de nós. Mas de um outro eu, capaz de observar o mundo com aquele olhar de filósofo e coração de poeta. Aquele que encontra inusitadas obviedades e belas imagens. Um eu capaz de dar mais importância a outros que a si mesmo. E de se perceber nos outros. O caminho, para Russell, não está dentro ou fora, mas na encruzilhada entre dentro e fora. Porque infelicidade e felicidade não são substâncias, mas estados de espírito e pensamento que nos acontecem no encontro do Eu com o mundo, na nossa forma de estar no mundo, no limite entre meu ego e tudo que lhe é estranho.

Parece complicado? Juro que não é. Se há nesta apresentação algo que lhe confunde, é culpa de não ser eu um gênio literário como Russell. Ele é um filósofo, digno do título pela sua contribuição intelectual à história das ideias. Mas, diferente de outros que ganharam fama com o mesmo título, Russell escreve com uma simplicidade e beleza que são encantadoras. É como um bate-papo com alguém muito espirituoso e inteligente, que não vai lhe encher a cabeça com frases e palavras difíceis só para deixar claro que ele é mais culto que você.

Russell pensa e escreve bem. Não foi à toa que ganhou o prêmio Nobel de literatura em 1950. Pode ser que depois de encarar este livro até o fim você não se torne uma pessoa mais feliz ou menos infeliz. Mas, com certeza, terá, ainda que por alguns instantes, a alegria de uma leitura leve e da deliciosa maneira de pensar a vida de um dos mais singulares gênios do século XX. E nestes tempos entristecedores em que vivemos, isso não é pouca coisa.

Júlio Pompeu
Doutor em psicologia e mestre em direito,
é também filósofo, palestrante e escritor.

Prefácio do autor

Este livro não é endereçado aos eruditos nem àqueles que julgam que um problema prático não passa de um tema de conversa. O leitor não encontrará nestas páginas nem filosofias nem erudição profundas. Pensei apenas em reunir alguns comentários inspirados, segundo acredito, pelo senso comum. O que apenas posso dizer em favor dos conselhos que ofereço ao leitor é que se acham confirmados, por minha própria experiência e observação, e que fizeram aumentar minha felicidade sempre que me conduzi de acordo com eles. Sendo assim, ouso esperar que, entre a multidão de homens e mulheres que sofrem, alguns encontrem aqui o diagnóstico de sua própria situação e sugestões eficientes para resolverem tais questões. Ao escrever este livro, parto da convicção de que muitas pessoas infelizes podem chegar a conquistar a felicidade, se fizerem um esforço bem-orientado.

*Creio que poderia transformar-me e viver com os animais. Eles são tão calmos e
            [donos de si,
Detenho-me para contemplá-los sem parar.
Não se atarantam nem se queixam da própria sorte,
Não passam a noite em claro, remoendo suas culpas,
Nem me aborrecem falando de suas obrigações para com Deus.
Nenhum deles se mostra insatisfeito, nenhum deles se acha dominado pela mania
            [de possuir coisas.
Nenhum deles fica de joelhos diante de outro, nem diante da recordação de outros
            [da mesma espécie que viveram há milhares de anos.
Nenhum deles é respeitável ou desgraçado em todo o amplo mundo.*

(Walt Whitman)

Primeira parte
Causas da infelicidade

Capítulo I
O que torna as pessoas infelizes?

Os animais são felizes na medida em que têm saúde e comida suficiente. Percebemos que os seres humanos deveriam ser felizes, mas no mundo moderno não o são, pelo menos na grande maioria dos casos. Se você é infeliz, provavelmente estará disposto a admitir que não é uma exceção nesse caso. Se é feliz, pergunte a si mesmo quantos de seus amigos também o são. E, após ter analisado seus amigos, aprenda a arte de ler fisionomias; torne-se receptivo aos estados de ânimo daqueles que encontra ao longo de um dia comum.

Diz Blake:

A mark in every face I meet,
Marks of weakness, marks of woe[1]

Embora de tipos muito diferentes, você topará com a infelicidade por toda parte. Vamos imaginar que você esteja em Nova York, a mais tipicamente moderna das grandes cidades. Detenha-se um instante em uma rua bastante movimentada no horário comercial, em uma rodovia muito usada nos fins de semana, ou em uma pista de dança à noite; esvazie a mente de seu próprio ego e deixe que, uma após outra, as personalidades dos desconhecidos a sua volta tomem conta de você. Logo perceberá que, na multidão, cada um tem seus próprios problemas. Nesta multidão entregue às horas de trabalho, notará ansiedade, concentração excessiva, dispepsia, incapacidade para diversão, desconsideração pelo próximo, indiferença a tudo que não seja a luta cotidiana. Nas rodovias, em fins de semana, verá homens e mulheres bem à vontade — e alguns até muito ricos — em busca do prazer. Busca que realizam em velocidade uniforme: a velocidade do carro mais lento do fluxo em que estão; lhes é impossível ver a própria estrada com tantos carros, e tampouco a paisagem, já que a menor distração ao olhar para os lados poderia provocar um acidente; os ocupantes desses carros não pensam em nada além de ultrapassar os que vão à frente, mas são impedidos por causa do trânsito; se suas mentes abandonam tal preocupação, como acontece de tempos em tempos com aqueles

---

[1] Uma marca encontro em cada rosto / Marcas de fragilidade, marcas de desgosto. (N.E.)

que não estão dirigindo, um indescritível aborrecimento se apodera deles e imprime em seus rostos a marca de um descontentamento banal. Vez por outra, num veículo lotado, pessoas negras dão mostras de estarem se divertindo, mas despertam indignação por causa desse comportamento excêntrico e acabam caindo nas mãos da polícia devido a um fato: ficar alegre por ocasião de feriados é ilegal.

Mais ainda, observe as pessoas que participam de uma festa. Todas chegam determinadas a se distraírem, com o mesmo tipo de resolução com que alguém promete a si mesmo não abrir o berreiro na cadeira do dentista. Supomos que a bebida e a troca de beijos são as portas de entrada da alegria e, assim, todos se embriagam rapidamente procurando ainda não perceber quanto lhes desgostam seus acompanhantes. Depois de haverem bebido muito, os homens começam a chorar e a lamentar quanto são indignos, no sentido moral, da devoção de suas mães. A única coisa que o álcool faz por eles é liberar o sentimento pecado, que a razão mantém reprimido em momentos de maior equilíbrio.

As causas desses diversos tipos de infelicidade acham-se, por um lado, no sistema social e, por outro, na psicologia individual — que naturalmente é, em grande medida, consequência do sistema social. Já escrevi em oportunidades anteriores sobre as mudanças que deveriam ser feitas no sistema social para favorecer a felicidade. Neste livro, porém, não tenho a intenção de falar da abolição da guerra, da exploração econômica ou da educação na crueldade e no medo. Descobrir um sistema para evitar a guerra é uma necessidade vital para nossa civilização, mas nenhum sistema tem condições de funcionar enquanto os homens forem tão infelizes que o extermínio mútuo lhes pareça menos terrível do que enfrentar continuamente a luz do dia. Evitar a perpetuação da pobreza é necessário para que os benefícios da produção industrial favoreçam de algum modo os mais necessitados. Mas que adiantaria se todo mundo se tornasse rico, se também os ricos são desgraçados? A educação na crueldade e no medo é má, mas aqueles que são escravos dessas paixões não podem oferecer outro tipo de educação.

Tais reflexões nos conduzem ao problema do indivíduo; que pode fazer um homem ou uma mulher, aqui e agora, no meio de nossa nostálgica sociedade, para conquistar a felicidade? Ao discutir este problema voltar-me-ei sobretudo para as pessoas que não se acham submetidas a nenhuma causa externa de sofrimento extremo. Vou supor, por exemplo, serem pessoas com meios suficientes para manter casa e comida — e com saúde suficiente para desempenhar atividades corporais normais. Não levarei em conta as grandes catástrofes, como a perda dos filhos ou a vergonha pública. São, naturalmente, acontecimentos importantes que devem ser discutidos, mas que se encontram num patamar diferente do que pretendo dizer. Minha intenção é sugerir uma cura para a infelicidade cotidiana normal que se abate sobre quase todas as pessoas nos países civilizados e que se torna ainda mais insuportável porque, não tendo uma causa externa óbvia, parece inevitável. Acredito que este tipo de infelicidade acontece em boa medida devido a concepções inverídicas do mundo, a éticas falsas, a hábitos de vida errôneos, que levam à destruição desse entusiasmo natural, desse desejo possibilitador do qual depende toda a felicidade, tanto a das pessoas quanto a dos animais. São questões que estão no âmbito das possibilidades pessoais. Por isso mesmo, proponho-me sugerir certas mudanças pelas quais, com uma certa dose de boa sorte, você possa alcançar tal felicidade.

Talvez a melhor introdução à filosofia que pretendo defender aqui encontre-se em algumas palavras autobiográficas. Não nasci feliz. Em criança, meu hino favorito era "Farto do mundo e oprimido pelo peso de meus pecados". Aos cinco anos, comecei a pensar que, se ainda estivesse vivo aos setenta, até então o que eu suportara eram apenas uns 14 avos de minha vida — e os longos anos de sofrimento que ainda viriam pela frente me pareceram quase insuportáveis. Já na adolescência, odiava a vida e estava continuamente à beira do suicídio. O que me salvou foi meu desejo de aprender matemática, sem parar. Agora, pelo contrário, desfruto a vida; quase poderia dizer que, a cada ano, essa prazerosa disposição aumenta mais. Por um lado, isso é devido ao fato de haver descoberto quais eram as coisas que eu mais desejava, e por ter pouco a pouco adquirido muitas dessas coisas. Por outro lado, consegui tornar-me indiferente a certos objetos de desejo, como, por exemplo, aquisição de conhecimentos indubitáveis sobre o que fosse absolutamente inalcançável. Mas a principal razão é que me preocupo menos comigo mesmo. Como outros que tiveram uma educação puritana, tinha o costume de refletir sobre meus pecados, minhas ralhas e meus defeitos. Considerava-me — e certamente com razão — um ser miserável.

Mas, aos poucos, aprendi a ser indiferente a mim e às minhas deficiências; aprendi a dirigir a atenção, cada vez mais, aos objetos externos: as condições em que se achava o mundo, os diversos ramos do conhecimento, as pessoas de que gostava. É verdade que os interesses externos sempre trazem suas próprias possibilidades de dor: o mundo pode entrar em guerra, a aquisição de certos conhecimentos pode mostrar-se difícil, os amigos podem morrer. Mas as dores desse tipo não destroem a qualidade essencial da vida, como o fazem aquelas que nascem do desgosto por si mesmo. E todo interesse externo inspira alguma atividade que, enquanto este interesse se mantém vivo, é um preventivo eficaz contra o *ennui*.[2]

Em contrapartida, o interesse em si próprio não conduz a nenhuma atividade de natureza progressiva. Pode nos compelir a escrever um diário, a procurar um psicanalista ou a querer ser monge. Mas um monge não será feliz enquanto a rotina do mosteiro não o fizer esquecer sua própria alma. Ele poderia conseguir a felicidade que atribui à religião, tornando-se um simples gari, desde que se visse obrigado a ter esta profissão por toda a sua vida. A disciplina externa é o único caminho que leva à felicidade aqueles desventurados, cuja introspecção é tão profunda que não têm nenhum outro modo de cura.

Há vários tipos de introspecção. Três das mais comuns são a do pecador, a do narcisista e a do megalômano.

Quando digo "o pecador", não me refiro ao homem que comete pecados — ou todos nós cometemos pecados ou ninguém os comete, dependendo de como definimos a palavra —; refiro-me ao homem que se encontra absorto na consciência do pecado. Tal sujeito está sempre incorrendo em sua própria desaprovação e, se for religioso, considera-se desaprovado por Deus. Tem uma imagem própria de como acredita que deveria ser, a qual está em constante conflito com seu conhecimento de como realmente ele é. Se em seu pensamento consciente já se livrou das lições maternas que recebia em criança, seu sentimento de culpa está agora profundamente recalcado no subconsciente, vindo à tona apenas quando dorme ou se embriaga. E isso pode ser o bastante para lhe tirar o gosto pelas coisas. No fundo, continua acatando todas as proibições nele inculcadas durante a infância. Continua achando feio e desabonador dizer palavrão, beber em excesso, ser astuto nos negócios e, principalmente, fazer sexo. Naturalmente, não se abstém de nenhum desses prazeres, mas considera-os envenenados pela sensação de que o degradam.

---

[2] Tédio.

O único prazer que deseja com toda a alma é que a mãe lhe dê sua aprovação com um carinho, como recorda haver experimentado durante a infância. Como este prazer já não se acha a seu alcance, sente que nada tem importância: uma vez que *deve* pecar, decide pecar fundo. Quando se apaixona, busca carinho maternal, mas não pode aceitá-lo porque, devido à imagem que tem de sua mãe, não sente respeito por nenhuma mulher com quem tenha relações sexuais. Decepcionado, torna-se cruel, arrepende-se de sua crueldade e recomeça o terrível ciclo do pecado imaginário e do remorso real. Esta é a psicologia de muitos réprobos aparentemente empedernidos. A causa desse desvio é sua devoção a um objeto inalcançável — a mãe ou o substituto da mãe — junto com a assimilação, nos primeiros anos de sua vida, de um código ético ridículo. Para essas vítimas da "virtude" materna, o primeiro passo rumo à felicidade consiste em livrar-se da tirania das crenças e dos amores da infância.

O narcisismo é de certo modo diferente do sentimento habitual de culpa: consiste no hábito de nos admirarmos e no desejo de sermos admirados. Naturalmente, até certo ponto isto é normal e nada tem de ruim, já que só seu excesso o torna algo perigoso. Em muitas mulheres, principalmente nas mulheres ricas da alta sociedade, a capacidade de sentir amor acha-se completamente atrofiada e foi substituída por um forte desejo de ser amada por todos os homens. Quando a mulher desse tipo não tem dúvida sobre o amor de um homem, deixa de interessar-se por ele. O mesmo acontece, embora com menos frequência, com os homens: o exemplo clássico é o herói de *As ligações perigosas*, obra de Choderlos de Laclos. Quando levamos a vaidade a tais alturas, não sentimos mais interesse genuíno por nenhuma outra pessoa e, assim, o amor não pode oferecer qualquer satisfação verdadeira. E os outros interesses fracassam de maneira ainda mais desastrosa. Um narcisista, por exemplo, inspirado pelos elogios feitos aos grandes pintores, pode estudar belas-artes, mas, como para ele pintar não passa de um meio para alcançar um fim, a técnica nunca chega a lhe interessar, por ser incapaz de ver qualquer tema que não esteja relacionado com sua própria pessoa. O resultado são o fracasso e a decepção, o ridículo em lugar da esperada adulação. Podemos dizer o mesmo dessas autoras cujos romances sempre as apresentam idealizadas como heroínas. Todo êxito verdadeiro no trabalho depende do interesse autêntico pelo material relacionado com ele. A tragédia de muitos políticos bem-sucedidos é que o narcisismo vai pouco a pouco substituindo o interesse pela comunidade e as ideias que ele defendia.

O homem que apenas se interessa por si mesmo não é admirável nem tampouco admirado. Por conseguinte, o homem cujo único interesse no mundo é que este o admire tem poucas possibilidades de alcançar seu objetivo. Mas, ainda que o consiga, não será inteiramente feliz, porque o instinto humano nunca é totalmente egocêntrico e o narcisista está se limitando de maneira artificial, tanto quanto aquele homem dominado pelo sentimento de pecado. O homem primitivo podia orgulhar-se de ser um bom caçador, mas além disso também se ocupava com a atividade doméstica. Quando ultrapassa certos limites, a vaidade mata o prazer que uma determinada atividade pode oferecer e conduz inevitavelmente à indiferença e ao fastio. Em geral, a causa é a falta de autoconfiança, e a cura, o desenvolvimento da própria dignidade. Mas só podemos obter isso mediante uma atividade exercida com disciplina e inspirada por interesses objetivos.

O megalômano diferencia-se do narcisista no fato de que prefere ser poderoso a encantador, temido a amado. A este tipo pertencem os lunáticos e a maioria dos grandes homens da história. O desejo ardente de poder, como a vaidade, é um elemento importante da condição humana normal, e temos que aceitá-lo como tal. Ele só se torna deplorável quando excessivo ou acompanhado por um insuficiente senso da realidade. Quando isso ocorre, o homem se torna desgraçado ou estúpido, ou ambos. O lunático que se acredita rei pode ser feliz em certo sentido, porém nenhuma pessoa de juízo invejaria esse tipo de felicidade.

Alexandre, o Grande, pertencia ao tipo psicológico do lunático, mas tinha o talento necessário para tentar tornar realidade seu sonho, embora este tenha se tornado impossível à medida que colecionava mais vitórias e ampliava seu espaço. Quando ficou claro ser o maior conquistador que a história havia conhecido, colocou na cabeça a ideia de que era um deus. Podemos falar de felicidade em seu caso? Suas bebedeiras, seus ataques de fúria, sua indiferença para com as mulheres e suas pretensões à divindade dão a entender que não foi feliz. Não existe nenhuma satisfação definitiva no cultivo de um único elemento da natureza humana, à custa de todos os demais, nem em considerar o mundo inteiro como pura matéria-prima para a exaltação do próprio ego. Em geral, o megalômano, esteja louco ou passe por sensato, é o resultado de alguma humilhação excessiva.

Napoleão foi uma criança infeliz na escola porque se sentia inferior aos companheiros, que eram ricos aristocratas, uma vez que ele não passava de um garoto pobre. Quando permitiu o regresso dos *émigrés*,[3] teve a satisfação de ver seus antigos colegas de escola curvando-se diante dele. Que felicidade! Isso o encorajou a desejar obter semelhante satisfação à custa do czar, o que acabou por levá-lo a Santa Helena.

Uma vez que nenhum homem pode ser onipotente, uma vida inteiramente dominada pela ânsia de poder, mais cedo ou mais tarde, depara-se com obstáculos impossíveis de superar. A única forma de evitar que este conhecimento se imponha à consciência é mediante algum tipo de demência, embora um homem bastante poderoso possa mandar prender ou assassinar aqueles que o façam ver isso. Temos, portanto, que a repressão política e a repressão no sentido psicanalítico andam de braços dados. E, sempre que existe uma repressão psicológica forte, não há felicidade autêntica. Dentro de limites adequados, o poder pode contribuir bastante para a felicidade, mas, como objetivo único na vida, só leva ao desastre, tanto interior quanto exterior.

É claro que as causas psicológicas da infelicidade são muitas e variadas, mas todas têm algo em comum. A pessoa infeliz típica é aquela que, tendo se privado durante a juventude de alguma satisfação normal, passou a valorizar este único tipo de satisfação mais do que qualquer outro e, por isso, direcionou sua vida num único sentido, dando excessiva importância aos êxitos e nenhuma às atividades relacionadas com eles. Existe, não obstante, uma complicação adicional, muito comum em nossos tempos. Um homem pode sentir-se tão frustrado que não mais busca qualquer tipo de satisfação, mas apenas distração e esquecimento. Transforma-se então num devoto do "prazer". Ou seja, pretende tornar suportável a vida tornando-se menos vivo.

A embriaguez, por exemplo, é um suicídio temporal; a felicidade que a bebida propicia é puramente negativa, um intervalo momentâneo na infelicidade. O narcisista e o megalômano acreditam que a felicidade é possível, ainda que possam empregar meios errôneos para alcançá-la. Mas o homem que busca a intoxicação, em qualquer de suas formas, renunciou a toda esperança, exceto a do esquecimento. Neste caso, primeiramente, é necessário convencê-lo de que a felicidade é desejável. As pessoas infelizes, como as que dormem mal, sempre se orgulham disso. Tal orgulho, talvez, seja como aquele da raposa que

---

[3] Emigrados.

perdeu o rabo. Neste caso, a forma de curar isso é mostrar-lhes como podem fazer crescer um novo rabo. Em meu entender, poucas pessoas escolhem deliberadamente a infelicidade se veem alguma forma de serem felizes. Não estou dizendo que inexistam pessoas assim, apenas que não são numericamente importantes. Acho, por isso, que posso pressupor que o leitor preferiria ser feliz a ser desgraçado. Não sei se poderei ajudá-lo a realizar este desejo, mas nada me custa tentar.

Capítulo II

Infelicidade byroniana

É muito comum em nossos tempos, como o foi em muitos outros períodos da história do mundo, admitirmos que os mais sábios entre nós puderam ver através de todos os entusiasmos de épocas anteriores e se conscientizaram de que nada mais existe pelo que valha a pena viver. Aqueles que defendem tal opinião são verdadeiramente desgraçados, mas estão orgulhosos de sua desdita, que atribuem à própria natureza do universo, e consideram como a única atitude racional para uma pessoa culta. Ficam tão orgulhosos de sua infelicidade que as pessoas menos sofisticadas não chegam a acreditar que ela seja autêntica; pensam que o homem que sente prazer com a desgraça não é desgraçado. É uma opinião demasiadamente simples. Sem dúvida, existe alguma pequena compensação na sensação de superioridade e na perspicácia que tais sofredores experimentaram, mas isso não é o bastante para compensar a perda dos prazeres mais simples.

Pessoalmente, não acredito que o fato de ser infeliz indique alguma superioridade mental. O sábio será tão feliz quanto lhe permitam as circunstâncias e, se a contemplação do universo lhe parece insuportavelmente dolorosa, contemplará outra coisa em seu lugar. É o que me proponho a demonstrar neste capítulo. Pretendo convencer o leitor de que, por mais que falemos, a razão não constitui obstáculo algum para a felicidade. Além disso, estou realmente convencido de que aqueles que, com toda a sinceridade, atribuem seus sofrimentos a sua própria visão do universo estão colocando a carroça na frente dos bois: a verdade é que são infelizes por alguma razão que desconhecem — e esta infelicidade os leva a comprazer-se com as características menos agradáveis do mundo em que vivem.

Para os modernos norte-americanos, o ponto de vista que desejo examinar foi exposto por Joseph Wood Krutch num livro intitulado *The Modern Temper*; para a geração de nossos avós, por Lord Byron; e, para todas as épocas, temos o autor do *Eclesiastes*. Afirma Krutch a certa altura:

> *Nossa causa é uma causa perdida e não há lugar para nós no universo natural, mas, apesar disso, não lamentamos sermos humanos. É melhor morrer como homens do que viver como animais.*

Já Byron declarou:

Não há alegria que o mundo possa te dar comparável à que ele tira de ti, quando o brilho das primeiras ideias degenera na insossa decadência dos sentimentos.

E o autor do Eclesiastes, por sua vez, dizia:

E felicitei antes os mortos, que já faleceram, do que os vivos que ainda estão em vida;
    E mais feliz que ambos considerei aquele que ainda nem nasceu, porque não viu as maldades que se fazem debaixo do sol.

Esses pessimistas chegaram a essas tristes conclusões depois de passarem pelos prazeres da vida. Krutch viveu nos círculos mais intelectualizados de Nova York. Byron nadou no Helesponto e teve um sem-número de aventuras amorosas. O autor do Eclesiastes foi ainda mais exitoso em sua busca de prazeres: provou dos melhores vinhos, ouviu todo tipo de música, mandou construir piscinas, teve servos e servas, alguns nascidos em sua própria casa. Mesmo assim, em tais circunstâncias, a sabedoria não o abandonou. Não obstante, viu que tudo é vaidade, inclusive a sabedoria.

Esforcei-me de coração em compreender a sabedoria e o conhecimento, também a tolice e a insensatez. E percebi que nessas coisas também está a aflição do espírito.
    Porque há muita sabedoria e há muita dor; quanto mais saber, mais sofrimentos.

Como podemos ver, a sabedoria o molestava e ele fez o que pôde para livrar-se dela.

Eu disse ao meu coração: provemos da alegria, desfrutemos do prazer. Porém, veja, isso também é vaidade.

Mas a sabedoria não o abandonava.

Então disse ao meu coração: "Se o fim do insensato e o meu serão o mesmo, o que me aproveita ter me aplicado mais à sabedoria?" Falando comigo mesmo, percebi que isso era vaidade.
    Por isso desgostei-me com a minha vida, pois vejo que é mal para mim o que se faz debaixo do sol: tudo é vaidade e aflição do espírito.

É uma sorte para os literatos que já ninguém leia algo escrito há tanto tempo, porque, se o fizessem, chegariam à conclusão de que, seja qual for a opinião que tenhamos sobre a construção de piscinas, a feitura de novos livros não é mais que vaidade. Se pudermos demonstrar que a doutrina do *Eclesiastes* não é a única adequada para um homem sábio, não precisaremos ficar muito incomodados com as manifestações posteriores dessa mesma atitude. Em um raciocínio desse tipo devemos distinguir entre um estado de ânimo e sua expressão intelectual. Não há o que discutir com os estados de ânimo. Podem mudar de uma hora para outra em virtude de algum acontecimento feliz ou de uma mudança em nosso corpo, mas não há como serem modificados à força de argumentos.

Já experimentei várias vezes esse estado de ânimo em que começamos a achar que tudo é vaidade e não o superei com o socorro de nenhuma filosofia, mas sim graças a uma necessidade imperiosa de ação. Se seu filho se acha doente, você pode sentir-se infeliz, mas não pensar que tudo é vaidade; sente que lutar pela saúde de seu filho é uma questão que precisa ser resolvida, independentemente dos argumentos sobre se a vida humana tem algum valor ou não. Um homem rico pode sentir — e, em geral, sente — que tudo é vaidade. Entretanto, se perder sua fortuna, não pensará que o próximo prato de comida é vaidade. A origem desse sentimento é a demasiada facilidade com que satisfazemos nossas necessidades naturais.

O animal humano, igual a todos os demais, está adaptado a um certo grau de luta pela vida e, quando sua grande riqueza permite a um *Homo sapiens* satisfazer sem esforço todos os seus caprichos, a simples ausência de esforço retira de sua vida um ingrediente imprescindível à felicidade.

O homem que consegue com facilidade coisas pelas quais alimenta apenas um desejo moderado chega à conclusão de que a satisfação dos desejos não traz felicidade. Se tem pendores filosóficos, conclui que a vida humana é intrinsecamente miserável — já que ele, que tem tudo o que deseja, continua sendo infeliz —, porque esquece que uma parte indispensável da felicidade é ainda precisar de algo que se deseja.

Tudo isso, no tocante ao estado de ânimo. Mas também existem argumentos intelectuais no *Eclesiastes*:

> *Todos os rios correm para o mar; e o mar, contudo, não transborda.*
> *Não há nada de novo debaixo do sol.*
> *Não há memória dos tempos antigos.*
> *Desgostei-me com a minha vida, pois vejo que é mal para mim o que se [faz debaixo do sol,*
> *Pois devo deixar tudo para quem vier depois de mim.*

Se tentássemos expressar tais argumentos com o estilo de um filósofo moderno, faríamos algo parecido com isto: o homem se esforça perpetuamente e a matéria se acha em movimento perpétuo, no entanto nada permanece, ainda que o novo, que acontece em seguida, em nada se diferencie daquilo que se passar antes. Um homem morre e seus herdeiros colhem os frutos de seu trabalho. Os rios correm para o mar, mas suas águas não permanecem ali. Uma e outra vez, num ciclo interminável e sem qualquer propósito, os homens e as coisas nascem e morrem sem melhorar em nada, sem obter nada que seja permanente, dia após dia, ano após ano. Se fossem sábios, os rios ficariam onde estão. Se Salomão fosse sábio, não plantaria árvores frutíferas cujos frutos seriam aproveitados por seu filho.

Mas, com outro estado de ânimo, como se mostra diferente tudo isso! Não há nada de novo sob o sol? E o que me dizem dos arranha-céus, dos aviões e dos discursos radiofônicos dos políticos? Que sabia Salomão[4] a tal respeito? Se tivesse podido ouvir pelo rádio o discurso da rainha de Sabá aos súditos em seu regresso de Israel, tal fato não lhe teria servido de consolo entre suas árvores e piscinas banais? Se tivesse podido dispor de um serviço de seleção de notícias jornalísticas para saber o que dizia a imprensa sobre a beleza de sua arquitetura, as comodidades de seu harém e a desorientação dos sábios rivais quando discutiam com ele, Salomão poderia continuar dizendo que nada havia de novo sob o sol? Pode ser até que isso não o houvesse curado de todo seu pessimismo, mas com toda a certeza este teria tomado uma nova expressão. Com efeito, Krutch se queixa de que, no tocante a nosso mundo, há muito de novo sob o sol. Se tanto a presença quanto a ausência de novidades são fastidiosas, não me parece que uma ou outra possa ser a verdadeira causa do desespero.

---

[4] O *Eclesiastes* não foi realmente escrito por Salomão, mas é uma convenção nos referirmos a seu autor por este nome. (N.E.)

Examinemos mais uma vez o fato de que "todos os rios correm para o mar; e o mar, contudo, não transborda; para o lugar de onde vieram voltam os rios, no seu percurso". Tomado como base para o pessimismo, este pensamento significa que as viagens são desagradáveis. Sairmos de férias no verão e em seguida voltarmos para o lugar de onde viemos não significa que seja uma tolice sair de férias no verão. Se as águas fossem dotadas de sentimento, provavelmente desfrutariam das aventuras de seu ciclo, à maneira da *Nuvem* de Percy Bysshe Shelley. Quanto ao acabrunhamento que é "deixar tudo" para os herdeiros, isto pode ser examinado a partir de dois pontos de vista — e, do ponto de vista do herdeiro, nada tem de desastroso. Tampouco o fato de que tudo tem seu fim constitui em si uma base para o pessimismo. Se depois viesse algo pior, isso, sim, seria uma base, mas se vem algo melhor, eis uma razão para ser otimista.

E o que devemos pensar se, como sustenta Salomão, depois vem algo exatamente igual? Não significa isso que todo o processo é uma futilidade? Definitivamente, não, a menos que as diversas etapas do ciclo sejam dolorosas por si próprias. O hábito de olhar para o futuro e pensar que todo o sentido do presente se acha no que virá depois é pernicioso. O todo não pode ter valor se não o têm suas partes. Não devemos conceber a vida como um melodrama em que o herói e a heroína sofrem incríveis desgraças, compensadas depois com um final feliz. Eu vivo em minha época, meu filho vem depois de mim e vive na sua e o filho dele fará o mesmo. O que isso tem de trágico? Ao contrário, se eu vivesse eternamente, as alegrias da vida acabariam inevitavelmente perdendo seu sabor. Tal como se acham, as coisas mantêm-se eternamente frescas.

Esquentei minhas mãos no fogo da vida.
Ele arrefece e fico pronto para partir.

Esta atitude é tão racional como a daquele homem que fica indignado diante da morte. Portanto, se os estados de ânimo fossem determinados pela razão, haveria igual número de razões, tanto para ficar alegre quanto para ficar desesperado.

O *Eclesiastes* é trágico; o *Modern Temper*, de [Joseph Wood] Krutch, é patético. No fundo, Krutch está triste, porque as antigas certezas medievais vieram abaixo, além de outras mais recentes. "Quanto a esta desgraçada época atual, acossada por fantasmas de um mundo morto e que ainda não se sente à vontade consigo mesma", declara ele, "seu problema não é muito diferente do problema de um adolescente que ainda não aprendeu a orientar-se sem recorrer à mitologia em cujo meio se passou sua infância." Tal declaração é inteiramente correta se aplicada a um certo número de intelectuais, àqueles que, tendo tido uma educação literária, nada sabem sobre o mundo moderno; e como aprenderam na juventude a basear suas crenças nas emoções, não conseguem se livrar desse desejo infantil de segurança e proteção que o mundo da ciência não pode satisfazer. Krutch, como tantos outros homens de letras, ficou obcecado pela ideia de que a ciência não cumpriu suas promessas. Naturalmente, não nos diz que promessas são essas, mas parece pensar que, há uns sessenta anos, homens como Darwin e Huxley esperavam algo da ciência que esta não soube dar.

Isto, em minha opinião, é um erro tremendo, fomentado por escritores e religiosos, interessados em que pensemos que suas especialidades têm valor. É verdade que existem muitos pessimistas em nossa época. Sempre há muitos pessimistas quando as pessoas veem diminuir suas rendas bancárias. É verdade que Krutch é norte-americano e, em geral, a renda bancária dos norte-americanos aumentou muito desde a Primeira Guerra Mundial, mas em todo o continente europeu as classes intelectuais sofreram terrivelmente, e a própria guerra deixou em todos uma sensação de instabilidade. Estas causas sociais têm muito mais a ver com o estado de ânimo de uma época do que com as teorias sobre a natureza do mundo.

Poucas épocas foram tão desesperadoras quanto o século XIII, ainda que essa crença, tão lamentada por Krutch, estivesse então firmemente arraigada em todos, apenas com a exceção do imperador e de alguns nobres italianos. Dizia, por exemplo, Roger Bacon:

> *Pois, em nossos tempos mais pecados reinam do que em qualquer outra época e o pecado é incompatível com a sabedoria. Olhemos em que condições se encontra o mundo e consideremos estas condições em todos os seus pontos: veremos corrupção sem limites e sobretudo na aristocracia. (...) A luxúria desonra toda a corte e a gula domina a todos. (...) Se isto ocorre com as altezas, o que não ocorrerá com os súditos? Vejamos os prelados: como correm atrás de dinheiro e negligenciam a salvação das almas. (...) Examinemos as ordens religiosas: não excluo nenhuma do que digo. Vejamos como todas elas vêm decaindo de seu estado correto; e as novas ordens (de frades) já decaíram espantosamente de sua dignidade original. Todo o clero é presa da soberba,*

da luxúria e da avareza; e onde se juntam eclesiásticos, como em Paris e em Oxford, escandalizam os leigos com suas guerras e discussões, além de outros vícios. (...) Ninguém se importa com o que se faça, por bem ou por mal, desde que cada um possa aplacar sua cobiça.

Sobre os pagãos da Antiguidade, diz ele:

Suas vidas foram, sem comparação, melhores que as nossas, tanto por sua decência quanto pelo desprezo em que tinham o mundo com todas as suas delícias, riquezas e honras; como todos os homens podem ler nas obras de Aristóteles, Sêneca, Túlio, Avicena, Al Alfarabi, Platão, Sócrates e outros; e assim foi como alcançaram os segredos da sabedoria e obtiveram todo o conhecimento.

A opinião de Roger Bacon era compartilhada por seus contemporâneos ilustrados, nenhum dos quais gostava da época em que estava vivendo. E não acredito por um momento sequer que esse pessimismo tivesse uma causa metafísica. Suas causas eram as guerras, a pobreza e a violência.

Um dos capítulos mais patéticos de Krutch fala do amor. Parece que os vitorianos tinham um conceito muito elevado do amor, enquanto nós, com toda a nossa sofisticação moderna, o perdemos.

Para os mais céticos vitorianos, o amor cumpria algumas funções do Deus que haviam perdido. Diante do amor, muitos, inclusive os mais empedernidos, tornavam-se místicos por um momento. Encontravam-se na presença de algo que despertava neles essa sensação de reverência que nada mais é capaz de produzir, algo a que sentiam, ainda que no mais profundo de seu íntimo, que lhe dever uma lealdade a toda prova. Para eles, o amor, como Deus, exigia toda espécie de sacrifícios; mas, também como Ele, premiava o crente, infundindo em todos os fenômenos da vida um significado que ainda precisa ser analisado. Temo-nos acostumado, mais do que eles, a um universo sem Deus, mas não ainda a um universo onde tampouco haja amor — e só quando nos familiarizarmos com isso é que nos daremos conta do que o ateísmo realmente significa.

É curioso como parece diferente a época vitoriana para os jovens de nosso tempo, em comparação com o que parecia quando se vivia nela. Lembro-me de duas velhas senhoras, ambas típicas de certos aspectos desse período, que conheci quando era jovem. Uma era puritana e a outra, seguidora de Voltaire. A primeira lamentava que houvesse tantas poesias sobre o amor, sendo este, segundo ela, um tema sem interesse. A segunda comentou: "Ninguém tem o que dizer de mim, mas eu sempre digo que não é tão pecaminoso violar o sexto mandamento quanto o sétimo, porque afinal sempre se precisa do consentimento da outra parte." Nenhuma das duas opiniões coincidia com aquilo que Krutch apresenta como tipicamente vitoriano. Naturalmente, deve ter buscado suas ideias em certos autores que não chegavam a estar em harmonia com seu próprio ambiente. Suponho que o melhor exemplo é Robert Browning. Como quer que seja, não posso deixar de convencer-me de que existe algo sufocante em seu conceito do amor.

Graças a Deus, a pior de suas criaturas
pode vangloriar-se de ter duas faces em sua alma;
uma que usa para enfrentar o mundo
e outra para mostrar à mulher que ama.

Isso implica ser a combatividade a única atitude possível em face do mundo em geral. Por quê? "Porque o mundo é cruel", diria Browning. Porque não o aceitará com o valor que você se atribui, diríamos nós. Um casal pode constituir, como o fizeram os próprios Browning, uma sociedade de admiração mútua. E bastante agradável ter à mão alguém que vai sempre elogiar sua obra, merecidamente ou não. E não há dúvida de que Browning se considerava um belo tipo, um verdadeiro homem, quando acusou Fitzgerald, em termos nada moderados, por haver se atrevido a não admirar Aurora Leigh. Mas não me parece que esta completa suspensão da faculdade crítica por ambas as partes seja verdadeiramente admirável. Acha-se muito relacionada com o medo e com o desejo de encontrar um refúgio contra os frios golpes da crítica imparcial.

Muitos solteirões aprendem a obter a mesma satisfação em seu próprio lar. Eu vivi muito tempo na época vitoriana para ser moderno segundo os critérios de Krutch. Não deixei de acreditar no amor, mas o tipo de amor em que acredito não se parece com aquele que causava a admiração dos vitorianos; é aventureiro e sempre alerta e, embora esteja consciente do que é bom, isso não quer dizer que ignore o mal nem pretenda ser sagrado ou santo. A atribuição de tais qualidades ao tipo de amor que se admirava foi uma consequência do tabu do sexo.

Os vitorianos estavam plenamente convencidos de que quase todo sexo é mau e precisavam de adjetivos exaltados para as modalidades que podiam ganhar sua aprovação. Havia mais fome de sexo do que agora e isso, indubitavelmente, fazia com que as pessoas exagerassem a importância do sexo, como sempre o fizeram os ascéticos. Atualmente, atravessamos um período algo confuso, em que muitos prescindiram dos antigos critérios sem adotar outros novos. Isso lhes trouxe problemas, e como seu subconsciente, em geral, continua acreditando nos velhos critérios, os problemas, quando aparecem, provocam desespero, remorso e cinismo. Não creio que seja grande o número de pessoas neste caso, mas são as que fazem mais barulho em nossa época.

Acho que se comparássemos a juventude acomodada de nossa época com a da época vitoriana, veríamos que agora há muito mais felicidade em relação ao amor — e muito mais fé autêntica no valor do amor — do que há sessenta anos. As razões que levam certas pessoas para o cinismo têm a ver com o predomínio dos velhos ideais sobre o subconsciente e com a ausência de uma ética racional que permita aos sujeitos de nossos dias regularem suas condutas. O remédio não é lamuriar-se nem sentir saudade do passado, mas sim aceitar corajosamente o conceito moderno e resolver arrancar pela raiz, em todos os seus obscuros recônditos, as superstições oficialmente descartadas.

Não é fácil dizer em poucas palavras por que valorizamos o amor. Não obstante, vou tentar. Em primeiro lugar, o amor deve ser valorizado, não porque em si esteja seu maior valor, mas por ser essencial para todos os outros valores, e como fonte de prazer em si próprio.

Oh, amor! Como são injustos contigo
os que dizem que tua doçura é amarga,
quando teus ricos frutos são de tal modo
que nada pode existir de mais doce.

O autor desconhecido desses versos não buscava uma solução para o ateísmo nem a chave do universo. Estava simplesmente de bem com a vida. E o amor não só é fonte de prazer, mas sua ausência é fonte de dor.

Em segundo lugar, o amor tem de ser valorizado, por acentuar todos os melhores prazeres, como a música, o nascer do sol atrás das montanhas e o mar sob a lua cheia. Um homem que nunca tenha desfrutado o belo em companhia da mulher que ama não experimentou plenamente o poder mágico de que são capazes todos esses prazeres. Além disso, o amor pode romper a dura carapaça do ego, já que é uma forma de cooperação biológica onde são necessárias as emoções de cada um cumprir os objetivos instintivos do outro.

Foram dadas ao mundo, em diferentes épocas, várias filosofias da solidão, algumas muito nobres, outras menos. Os estoicos e os primeiros cristãos acreditavam que o homem podia usufruir o bem supremo, de que é capaz a vida humana mediante o simples exercício de sua própria vontade ou, de qualquer modo, sem a ajuda *humana*. Outros tiveram como único objetivo na vida o poder e, outros mais, o mero prazer pessoal. São todos filósofos solitários, nesse sentido de supor que o bem é algo realizável em cada pessoa separadamente e não apenas em uma sociedade maior ou menor de pessoas. Em minha opinião, todos esses pontos de vista são falsos, não apenas em teoria ética, mas também como expressões da melhor parte de nossos instintos.

O homem depende da cooperação e a natureza dotou-o, é verdade que não inteiramente bem, do aparato instintivo do qual pode surgir a cordialidade necessária para a cooperação. O amor é a primeira e a mais comum das formas de emoção que facilitam a cooperação, e aqueles que experimentaram o amor com uma certa intensidade não ficarão conformados com uma filosofia que suponha que o maior bem consiste em ser independente da pessoa amada. Neste aspecto, o amor dos pais é ainda mais poderoso, mas, nos melhores casos, o amor parental é consequência do amor entre os pais. Não quero dizer que o amor, em sua forma mais elevada, seja algo comum, antes estou convencido de que em sua forma mais elevada ele revela valores que, de outro modo, não chegaríamos a conhecer e que possui em si um valor que o ceticismo não afeta, por mais que os céticos, incapazes de experimentá-lo, atribuam falsamente sua incapacidade a seu ceticismo.

> *O verdadeiro amor é um fogo duradouro*
> *que arde eternamente na mente.*
> *Nunca adoece, nunca morre, nunca fica frio,*
> *nunca se nega a si mesmo.*

Vejamos agora o que Krutch tem a dizer sobre a tragédia. Ele sustenta, e nisso só posso concordar com ele, que *Espectros*, de Ibsen, é inferior a *Rei Lear*, de Shakespeare.

> *Nem um maior poder de expressão nem um maior dom para as palavras teriam podido transformar Ibsen em Shakespeare. Os materiais com que este último criou suas obras — seu conceito da dignidade humana, seu senso da importância das paixões humanas, sua visão da amplitude da vida humana — simplesmente não existiam nem podiam existir para Ibsen, como não existiam nem podiam existir para seus contemporâneos. De alguma forma, Deus, o Homem e a Natureza perderam estatura nos séculos transcorridos entre um e outro, não porque o credo realista da arte moderna nos obrigue a olhar para as pessoas comuns, mas sim porque esta mediocridade da vida humana impôs-se a nós, de alguma maneira, mediante a aplicação do mesmo processo que conduziu ao desenvolvimento das teorias realistas da arte que puderam justificar nossa visão.*

É verdade que o antiquado tipo de tragédia que tratava de príncipes com problemas não parece adequado para nossa época e, quando tentamos tratar da mesma forma os problemas de uma pessoa qualquer, o efeito não é o mesmo. Só que a razão para que isso ocorra não é uma deterioração em nossa perspectiva da vida, e sim justamente o contrário. É devido ao fato de que já não consideramos certos indivíduos como os grandes da Terra, com direito a paixões trágicas, enquanto todos os outros devem dar duro para manter a vida magnífica desses poucos.

Diz Shakespeare:

> *Quando morrem mendigos, não se veem cometas;*
> *à morte dos príncipes os próprios céus pegam fogo.*

Na época de Shakespeare, este sentimento, se não era tomado literalmente, pelo menos expressava um conceito da vida praticamente universal, admitido de todo o coração pelo próprio Shakespeare. Consequentemente, a morte do poeta Cinna é cômica, ao passo que as mortes de César, Brutus e Cássio são trágicas. Perdemos atualmente o sentido da importância cósmica de uma morte individual, porque nos tornamos democratas, não só nas formas externas, mas também em nossas mais íntimas convicções. Assim, em nossos tempos, as grandes tragédias têm que se ocupar mais com a comunidade do que com o indivíduo. Só para dar um exemplo, proponho o *Massemensch*, de Ernst Toller. Não digo que esta obra seja tão boa como as outras obras-primas escritas nas melhores épocas do passado, mas sustento que é comparável; é nobre, profunda e real; trata de ações heroicas e pretende "purificar o leitor mediante a compaixão e o terror", como aconselha Aristóteles. No entanto, existem poucos exemplos deste tipo moderno de tragédia, já que é preciso abandonar a antiga técnica e as antigas tradições sem substituí-las por banalidades cultas. Para escrever tragédia, é preciso senti-la. E para sentir a tragédia devemos estar conscientes do mundo em que vivemos, não apenas com a mente, mas também com o sangue e os nervos. Ao longo de todo o seu livro, nosso amigo Krutch fala, de tempos em tempos, em desespero, e ficamos comovidos com sua heroica aceitação de um mundo desolado, embora a desolação se deva ao fato de que ele e a maioria dos homens de letras ainda não aprenderam a sentir as antigas emoções em resposta a novos estímulos.

Os estímulos existem, mas não nos currais literários. Os currais literários não têm contato vital com a vida da comunidade — e esse contato é necessário para que os sentimentos humanos tenham a seriedade e a profundidade que caracterizam tanto a tragédia quanto a felicidade autêntica. Eu realmente diria a todo jovem que anda por aí convencido de que nada tem a fazer no mundo: "Pare de tentar escrever e tente não escrever. Saia para o mundo, torne-se pirata, rei em Bornéu ou operário russo; busque uma existência em que a satisfação das necessidades físicas elementares ocupe todas as suas energias." Não recomendo esta atitude a todo mundo, somente aos que sofrem da enfermidade diagnosticada por Krutch. Acho que, depois de uns anos de vida assim, o ex-intelectual verá que já não pode conter o afã de escrever, apesar de seus esforços, e, quando chegar tal momento, o que vier a escrever já não lhe parecerá tão fútil.

Capítulo III
Competição

Se perguntarmos a um norte-americano ou a um homem de negócios inglês o que mais o impede de aproveitar a vida, ele responderá que é "a luta pela vida". E dará tal resposta com toda a sinceridade, pois está realmente convencido disso. Em certo sentido, é verdade. Mas em outro — e este é um sentido muito importante —, é profundamente falso. A luta cotidiana pela vida é algo que simplesmente acontece. Pode ocorrer com qualquer um de nós, por exemplo, se tivermos má sorte. Assim aconteceu com Falk, o herói de Conrad, que se viu em um barco à deriva, sendo um dos dois únicos homens da tripulação que tinham armas de fogo e nada para comer, exceto os outros homens. Quando ambos acabaram com a comida que tinham em comum, começou uma autêntica luta pela vida. Falk venceu, mas se tornou vegetariano pelo resto de seus dias.

Mas não é a isso que se refere o homem de negócios quando fala em "luta pela vida". Trata-se de uma frase inexata que adotou para dar dignidade a algo basicamente trivial. Perguntemos a ele quantos homens conhece, com seu mesmo estilo de vida, que tenham morrido de fome. Perguntemos a ele o que aconteceu com seus amigos que foram à bancarrota. Todo mundo sabe que um homem de negócios arruinado vive melhor, no tocante às comodidades materiais, do que um homem que nunca foi suficientemente rico para ter a oportunidade de se arruinar. Assim, quando falamos de luta pela vida, queremos, na verdade, dizer luta pelo êxito. O que as pessoas temem, quando se lançam à luta, não é não poder conseguir um café da manhã no dia seguinte, mas sim não conseguir eclipsar seus vizinhos.

É bastante curioso que tão poucas pessoas pareçam se dar conta de que não estão esperneando nas garras de um mecanismo do qual não há escapatória, mas tentando fugir de uma roda-gigante em que se comprazem, por ainda não terem percebido que isso não vai levá-las a um nível superior. Naturalmente, estou pensando em homens que transitam pelas altas esferas do poder, homens que já contam com salários polpudos e que poderiam, se quisessem, viver com o que têm. Fazer isso lhes pareceria vergonhoso, como desertar do exército à vista do inimigo, mas, se lhes perguntarmos a que causa pública estão servindo com seu trabalho, nada saberão responder, exceto todas as obviedades típicas da propaganda sobre a dureza da vida.

Examinemos a vida de um desses homens. Podemos supor que tem uma casa encantadora, uma esposa encantadora e filhos encantadores. Levanta muito cedo pela manhã, quando o restante da casa ainda dorme, e sai correndo para o escritório. Ali precisa exibir as qualidades de um grande executivo. Cultiva maxilares fortes, um modo de falar decidido e um inteligente e calculado ar de reserva para impressionar todo mundo, exceto o *office-boy*. Dita cartas, conversa pelo telefone com várias pessoas importantes, estuda o mercado e, chegada a hora, sai para almoçar com alguém com quem está fazendo ou espera fazer um negócio. Essa rotina se prolonga por toda a tarde. Chega em casa cansado, com o tempo exato de vestir-se para o jantar. À mesa este, ele e vários outros homens cansados precisam fingir que desfrutam da companhia de senhoras que ainda não tiveram a oportunidade de se cansar. É impossível prever o momento em que escapará dessa situação. Por fim, vai dormir, e durante algumas horas relaxa um pouco.

A vida de trabalho de um tal homem tem a mesma psicologia de uma corrida de cem metros rasos, mas, como a corrida de que está participando possui como única meta o túmulo, a concentração, que seria adequada para uma corrida de cem metros rasos, chega a ser excessiva. Que sabe este homem sobre seus filhos? Nos dias úteis se acha no escritório, aos domingos, nos campos de golfe. Que sabe sobre sua mulher? Quando a deixa pela manhã, ela está dormindo. Durante todo o tempo de vigília, ambos estão comprometidos com "obrigações" sociais que impedem a conversa íntima. Provavelmente esse homem não tem amigos que sejam realmente importantes para ele, embora finja com muitas pessoas uma cordialidade que ele próprio gostaria de sentir. Sobre a primavera e a colheita só sabe aquilo que afeta o mercado; é bem possível que já tenha visitado outros países, mas com olhos de absoluto enfado. Os livros parecem-lhe uma tolice e a música, coisa de intelectuais. Ano após ano vai se vendo cada vez mais sozinho; sua atenção se concentra mais e mais e sua vida, à parte os negócios, torna-se totalmente estéril.

Conheci na Europa um norte-americano desse tipo, já de meia-idade, com sua esposa e filhas. Com toda a certeza, estas haviam convencido o pobre homem de que já era hora de tirar umas férias e dar à família a oportunidade de conhecer o Velho Mundo. A mãe e as filhas, extasiadas, o cercavam, chamando a atenção dele para cada novo elemento que lhes parecia típico. O *pater familias*, completamente esgotado e aborrecido, pensa no que estarão fazendo naquele momento em seu escritório ou sobre como vai indo seu time na liga de beisebol. Enfim, a mulher e as filhas dão o caso por perdido e chegam à conclusão de que todos os homens são uns bobões. Nunca lhes passa pela cabeça que o homem é uma vítima da cobiça delas; e tampouco é essa toda a verdade, como tampouco o costume hindu de condenar as viúvas à fogueira é exatamente o que parece aos olhos de um europeu. Provavelmente, em quase 90% dos casos, isso ocorria porque a viúva era uma vítima voluntária, disposta a morrer queimada para alcançar a glória, e porque a religião assim o exigia.

A religião e a glória do homem de negócios exigem que ele ganhe muito dinheiro. Portanto, assim como a viúva hindu, sofre o tormento de boa vontade. Para ser feliz, o homem de negócios norte-americano precisaria, antes, mudar de religião. Enquanto desejar o êxito e estiver sinceramente convencido de que o dever de um homem é persegui-lo e que aquele que não o faz é um pobre-diabo, sua vida continuará tremendamente concentrada, com ansiedade demais para que ele possa ser feliz.

Vejamos uma questão simples, como os investimentos. Quase todos os norte-americanos prefeririam obter uns 8% em um investimento arriscado do que a metade dessa percentagem em um investimento seguro. A consequência é que eles costumam perder dinheiro, e as preocupações e as angústias são frequentes. Quanto a mim, gostaria que o dinheiro me desse apenas tempo livre e segurança. Mas o que o homem moderno típico quer mesmo é mais dinheiro, com vistas à ostentação, à magnificência e ao ofuscamento daqueles que até agora têm sido seus iguais. A escala social nos Estados Unidos é indefinida e flutua continuamente. Por conseguinte, todas as emoções esnobes são mais instáveis que nos países onde a ordem social é fixa, e, embora o dinheiro possa não bastar por si próprio para nos engrandecer, é difícil ser grande sem ter dinheiro. Além disso, os cérebros têm sido avaliados pelo dinheiro que amealham. Um homem que ganha muito é inteligente; o que ganha pouco, não o é. E ninguém gosta de ser considerado burro. Portanto, quando o mercado se mostra instável, o homem sente-se como os estudantes no dia de uma prova difícil.

Creio que caberia admitirmos que nas angústias de um homem de negócios intervêm com frequência um elemento de medo autêntico, embora irracional, das consequências da ruína. Clayhanger, de Arnold Bennett, apesar de sua riqueza, continuava tendo medo de morrer em um asilo.

Não tenho dúvida de que aqueles que na infância sofreram por causa da pobreza vivem atormentados pelo terror de que seus filhos venham a passar pelo mesmo — e acham que é quase impossível acumular suficientes milhões para se protegerem contra o desastre. Provavelmente, esses temores são inevitáveis na primeira geração, mas é muito menos provável que afetem os que nunca conheceram a pobreza. De qualquer modo, este é um fator secundário e quase excepcional do problema.

A raiz do problema se acha na excessiva importância que é dada ao êxito competitivo como a principal fonte de felicidade. Não nego que a sensação de sermos bem-sucedidos nos torna mais fácil o gozo da vida. Um pintor, por exemplo, que tenha sido um desconhecido durante toda sua juventude, com certeza sentirá uma felicidade maior se seu talento vier a ser reconhecido. Da mesma forma, não chego a negar que o dinheiro, até certo ponto, pode perfeitamente aumentar a felicidade, mas, desse ponto, não vai além. Afirmo que o êxito pode ser apenas um ingrediente da felicidade — e pagará caro aquele que, para obtê-lo, sacrificar todos os seus outros ingredientes.

A origem deste problema é a filosofia de vida predominante nos círculos comerciais. É verdade que ainda existem na Europa outros círculos com prestígio. Em alguns países existe uma aristocracia, em todos há profissões prestigiosas e em quase todos os países, exceto nos menores, o Exército e a Marinha inspiram grande respeito. Mas, embora seja verdade que existe sempre um elemento de competição visando ao êxito — seja em qual profissão for —, também é verdade que não é unicamente o êxito que se tem em mente, mas a excelência, do tipo que for, a qual o êxito é devido. Um homem de ciência pode ganhar dinheiro, ou não, que não será menos respeitado no segundo caso. Ninguém se espanta com o fato de um general ou um almirante ser pobre; de fato, em tais circunstâncias a pobreza chega a ser uma honra. Por isso, na Europa, a luta competitiva puramente financeira está limitada a alguns círculos, que possivelmente não são os mais influentes nem os mais respeitados.

Nos Estados Unidos, a situação é bem outra. Estes círculos militares têm um papel muito pouco importante na vida nacional para que seus valores exerçam alguma influência. Quanto às profissões de prestígio, nenhum leigo pode afirmar que um médico conhece realmente muito de medicina ou que um advogado conhece muito de direito, o que implica ser mais fácil avaliar suas competências por seus ganhos, que se refletem na vida que eles levam. Já os professores são servidores pagos pelos homens de negócios e, por isso mesmo, inspiram menos respeito do que em geral lhes é devido nos países mais antigos. A consequência de tudo isso é que nos Estados Unidos os profissionais imitam os homens de negócios e não constituem um tipo à parte, como na Europa. Portanto, nas classes abastecidas nada há que mitigue a luta selvagem e concentrada pelo êxito financeiro.

Desde muito cedo, as crianças norte-americanas são convencidas de que isso apenas é o que importa e não querem perder tempo com formas de educação desprovidas de valor pecuniário. Em outros tempos, a educação era em grande parte concebida como uma formação da capacidade de gozo — falo das formas mais delicadas de gozo, não acessíveis a pessoas completamente incultas. No século XVIII, uma das características do "cavaleiro" consistia em entender e desfrutar a literatura, a pintura e a música. Atualmente, podemos não estar de acordo com seus gostos, mas pelo menos eram autênticos. O homem rico de nossos tempos tende a ser um tipo diferente. Nunca lê. Se resolve abrir uma galeria de pintura com o objetivo de ficar famoso, delega a um especialista o trabalho de escolher os quadros. O prazer que retira deles não é o de apreciá-los, mas o de impedir que outros ricos os possuam. Quanto à música, se for judeu, pode ser que saiba apreciá-la; se não for, será tão inculto como em todas as outras artes. O resultado de tudo isso é que esses homens ricos não sabem o que fazer do tempo livre. Veem-se, de repente, sem nada para fazer como consequência de seus êxitos. É isso o que ocorre inevitavelmente quando o êxito é o único objetivo na vida. A menos que lhes tenham ensinado o que fazer com o êxito, após consegui-lo, ele os deixará inevitavelmente presas do enfado.

O hábito mental competitivo invade facilmente regiões que não lhe correspondem. Vejamos, por exemplo, a questão da leitura. Existem dois motivos para ler um livro: um, desfrutá-lo; o outro, poder ostentar isso. Nos Estados Unidos, agora é moda entre as senhoras ler — ou aparentar fazê-lo — certos livros todo mês. Algumas os leem, outras não passam do primeiro capítulo, outras mais contentam-se com as resenhas que saem no jornal, mas todas conservam o livro em cima de suas mesas. De qualquer modo, não leem nenhuma obra-prima. Nunca aconteceu que *Hamlet* ou *Rei Lear*, ou algo, por exemplo, a respeito de Dante, fosse escolhido pelos Clubes do Livro. Leem, portanto, exclusivamente livros modernos medíocres, e nunca obras-primas. Isto também é um efeito da competição, embora não de todo mau, já que a maioria dessas senhoras, se deixadas à vontade, em vez de ler obras-primas leria livros ainda piores do que os aconselhados por seus pastores e mestres literários.

A insistência na competição na vida moderna pode ser relacionada com uma decadência geral dos processos civilizados, como foi com certeza o caso de Roma depois da época de Augusto. Homens e mulheres parecem incapazes de desfrutar os prazeres maiores do intelecto. A arte da conversação, por exemplo, levada à perfeição nos salões franceses do século XVIII, era ainda uma tradição viva cem anos depois. Uma arte bastante requintada, que punha em ação as faculdades mais elevadas para um propósito inteiramente passageiro. Mas a quem pode interessar, em nossa época, algo tão aprazível? Na China, essa arte ainda florescia em toda sua perfeição no início do século XX, mas acho que, desde então, o fervor missionário dos nacionalistas tem se esmerado em fazê-la desaparecer por completo. O conhecimento da boa literatura — universal entre as pessoas educadas há cinquenta ou cem anos — acha-se agora confinado a uns poucos professores. Todos os prazeres tranquilos foram abandonados. Estudantes norte-americanos levaram-me a um passeio na primavera por um bosque perto de sua universidade, um bosque repleto de belas flores silvestres, mas nenhum de meus guias conhecia o nome de nenhuma delas. De que lhes serviria tal conhecimento? Não ia aumentar o salário de ninguém.

O problema não é da responsabilidade somente de uma pessoa nem pode ser evitado por ela em seu próprio caso isolado. O problema decorre da filosofia de vida que todos receberam, segundo a qual esta é uma luta, uma competição em que só o vencedor merece respeito. Essa forma de encarar a vida leva ao cultivo exagerado da vontade, à custa dos sentidos e do intelecto. Embora seja possível que ao dizer isso estejamos pondo a carroça na frente dos bois. Os moralistas puritanos insistiram sempre na importância da vontade nos tempos modernos, ainda que em certo sentido sempre houvessem privilegiado mais a fé. É possível que a época do puritanismo tenha dado origem a uma raça em que a vontade se desenvolveu excessivamente, enquanto os sentidos e o intelecto ficavam por baixo, e que essa raça tenha adotado a filosofia da competição por ser a mais adequada a seu caráter.

Seja como for, o prodigioso êxito desses modernos dinossauros, os quais, como seus protótipos pré-históricos, preferem o poder à inteligência, está fazendo com que todos os imitem: converteram-se no modelo do homem branco em todas as partes — e o mais provável é que isso continue se acentuando durante os próximos cem anos. Mas aqueles que se recusam a acatar essa moda podem consolar-se pensando que com o tempo os dinossauros não triunfarão; uns aos outros se matarão, e os espectadores inteligentes herdarão seu reino. Nossos dinossauros modernos estão se exterminando sozinhos. Na média, não têm mais do que dois filhos por casal; não desfrutam suficientemente a vida para desejar ter mais filhos. A esta altura, a exigente filosofia que herdaram de seus antepassados puritanos mostrou-se inadaptada ao mundo. As pessoas, cuja perspectiva da vida faz com que sintam tão pouca felicidade em fazer filhos acham-se biologicamente condenadas. Não demorará muito até que sejam substituídas por algo mais alegre e festivo.

A competição, considerada o fato mais importante da vida, é demasiadamente triste, demasiadamente dura; é muito mais uma questão de músculos tensos e vontade firme para servir como base da vida durante uma ou, no máximo, duas gerações. Depois disso provocará forçosamente o esgotamento nervoso, os vários fenômenos de fuga, uma busca por prazeres tão ansiosa e difícil quanto um trabalho — porque acaba tornando impossível o relaxamento — e, por fim, o desaparecimento da estirpe por esterilidade. Não foi apenas o trabalho que ficou envenenado pela filosofia da competição, mas também o ócio. As pessoas têm evitado com horror o ócio tranquilo e restaurador dos nervos. Acham necessária uma contínua aceleração, cujo desfecho natural serão as drogas e o colapso. O remédio consiste em reconhecer a importância do gozo saudável e sereno de um ideal de vida equilibrado.

Capítulo IV

Tédio e excitação

O tédio como fator da conduta humana recebe, a meu ver, muito menos atenção do que merece. Estou convencido de que tem sido uma das grandes forças motrizes durante toda a época histórica, e, atualmente, mais do que nunca. O tédio parece ser uma emoção caracteristicamente humana. É verdade que os animais em cativeiro tornam-se indiferentes, andam de um lado para outro e bocejam, mas em seu estado natural não acredito que experimentem nada parecido ao tédio. Na maior parte do tempo precisam estar alertas para localizar inimigos, comida ou ambos. Às vezes estão se acasalando ou procurando um abrigo. Mas não creio que sintam tédio nem mesmo quando em desgraça. É possível que os símios antropoides se pareçam conosco quanto a esse aspecto, como em tantos outros, mas como nunca convivi com eles não tive a oportunidade de tirar a prova.

Um dos aspectos fundamentais do tédio consiste no contraste entre as circunstâncias atuais e algumas outras circunstâncias mais agradáveis que abrem caminho de forma irresistível na imaginação. Outra condição fundamental é que as faculdades da pessoa não estejam plenamente ocupadas. Naturalmente, fugir de inimigos que nos querem tirar a vida é desagradável, mas não me parece algo tedioso. Nenhum homem experimenta enfado enquanto o estão executando, a menos que possua uma dimensão quase sobre-humana. De modo semelhante, ninguém ainda bocejou durante seu primeiro discurso na Câmara dos Lordes, à exceção do finado duque de Devonshire, que dessa maneira conquistou o respeito de seus ouvintes. O tédio é basicamente um desejo frustrado de que ocorra algo, não necessariamente agradável, mas tão somente algo que permita à vítima do tédio distinguir um dia do outro. Em suma, o contrário do tédio não é o prazer, mas a excitação.

O desejo de excitação está profundamente arraigado nos seres humanos, sobretudo nos valores. Acho que era mais fácil satisfazê-lo na fase em que os homens caçavam do que em épocas posteriores. A caça é excitante tanto quanto a guerra ou o flerte. Um selvagem fará o impossível para cometer adultério com uma mulher enquanto o marido desta dorme ao lado dela, sabendo que o aguarda a morte certa se o outro acordar. Não creio que tal situação seja tediosa. Mas, com a invenção da agricultura, a vida começou a tornar-se aborrecida, exceto, naturalmente, para os aristocratas, os quais permaneciam — e ainda permanecem — na fase caçadora.

Temos ouvido falar muito no tédio do maquinismo, mas não acredito que o tédio da agricultura com métodos antigos fosse menor. De fato, contra o que dizem quase todos os filantropos, eu diria que a era das máquinas fez diminuir consideravelmente a quantidade total de aborrecimento no mundo. As horas de trabalho dos assalariados não são solitárias e a noite pode ser usada para uma variedade de diversões que eram impossíveis numa aldeia rural antiga. Consideremos mais uma vez o que mudou na vida da classe média baixa.

Em outros tempos, depois do jantar, quando a esposa e as filhas tinham tirado a mesa, todos se sentavam para passar o que se chamava de "um agradável momento em família". Isso significava que o chefe de família ficava cochilando, a mulher tricotando e as filhas querendo estar mortas ou em algum lugar longe de tudo. Não tinham permissão para ler nem para deixar o aposento, porque, segundo a teoria, aquele era o momento em que o pai conversava com elas, momento que deveria ser um prazer para todos os interessados. Com sorte, acabavam se casando, e dessa forma tinham a oportunidade de repassar às filhas uma juventude tão lúgubre quanto tinha sido a delas. Se não tivessem sorte, tornavam-se solteironas e, talvez, por fim, velhas decrépitas, um destino tão horrível como o pior que os selvagens pudessem reservar para suas vítimas. Devemos levar em conta toda essa carga de tédio quando pensamos no mundo de há cem anos. E, se voltarmos ainda mais no tempo, o tédio se mostrará pior.

Imaginemos a monotonia do inverno numa aldeia medieval. As pessoas não sabiam ler nem escrever, usavam apenas velas à noite, a fumaça de seu único fogo enchia o único aposento da casa que não estava espantosamente frio. Os caminhos ficavam praticamente intransitáveis, de modo que quase nunca viam pessoas de outras aldeias. Não chego a duvidar de que o tédio contribuiu em grande medida para a caça às bruxas, o único esporte que então animava as noites de inverno.

Agora nos entediamos menos que nossos antepassados, mas temos mais medo de ficar enfadados. Agora sabemos, ou antes, acreditamos, que o tédio não faz parte do destino natural do homem, mas sim que pode ser evitado, se nos empenharmos em buscar excitação. Na atualidade, as moças ganham seu próprio dinheiro, em grande parte porque isso lhes permite buscar excitação à noite e escapar ao "agradável momento em família" que suas avós tinham de suportar. Todos aqueles, que podem, vivem numa cidade; nos Estados Unidos, os que não podem possuem carro, ou pelo menos uma motocicleta, para ir ao cinema. E, naturalmente, têm rádio em suas casas. Rapazes e moças se encontram com muito menos dificuldade do que antes e qualquer empregada espera desfrutar, pelo menos uma vez por semana, uma quantidade de excitação que uma heroína de Jane Austen levaria todo um romance para conseguir.

À medida que nos alçamos na escala social, a busca por excitação torna-se cada vez mais intensa. Os que se permitem essa excitação estão constantemente se deslocando de um lado para outro, levando consigo a alegria, a dança e a embriaguez, mas por alguma razão esperam desfrutar algo mais desse comportamento em um lugar novo. Os que precisam ganhar a vida recebem obrigatoriamente sua cota de aborrecimento nas horas de trabalho, mas aqueles que dispõem de dinheiro suficiente para livrar-se da necessidade de trabalhar têm como ideal uma vida completamente livre de tédio. É um nobre ideal — e longe de nós a intenção de condená-lo —, mas receio que, como outros ideais, seja mais difícil de alcançar do que acreditam os idealistas. Enfim, as manhãs são aborrecidas na mesma proporção em que foram divertidas as noites anteriores. Logo chegará a idade madura e, em seguida, a velhice. Aos vinte anos, os jovens pensam que a vida termina aos trinta. Eu, que estou com 58, já não posso sustentar tal opinião. Parece que é tão insensato esbanjar o capital vital quanto o capital financeiro. É possível que um certo grau de enfado seja um ingrediente necessário da vida. O desejo de escapar ao tédio é natural.

De fato, todas as raças humanas manifestaram isso sempre que tiveram a ocasião. Quando os selvagens saborearam pela primeira vez o álcool que lhes oferecia o homem branco, encontraram por fim uma maneira de escapar a seu tédio milenar, e, exceto quando o governo interferiu, embriagaram-se até morrer de diversão. As guerras, as perseguições de cunho racista e as perseguições em geral fizeram parte dos meios de evitar o aborrecimento. Até mesmo brigar com os vizinhos era melhor do que nada. Portanto, o tédio é um problema fundamental para o moralista, visto que, no mínimo, metade dos pecados cometidos pelos homens decorrem do medo de se entediar.

Mas não devemos considerar o tédio algo absolutamente mau. Existem dois tipos de tédio; um deles frutífero, enquanto o outro se mostra ridículo. O frutífero baseia-se na ausência de drogas, ao passo que o ridículo consiste na ausência de atividades vitais. Não pretendo dizer que as drogas não possam desempenhar nunca um bom papel na vida. Há momentos, por exemplo, em que o médico inteligente receitará um opiáceo — e creio que esses momentos são mais frequentes do que imaginam aqueles que condenam tal prática. Lembramos, entretanto, que a ânsia por drogas não deve ser deixada à mercê dos impulsos naturais descontrolados. E o tipo de enfado que experimenta a pessoa habituada às drogas, quando se vê privada delas, é algo para o qual não tenho como sugerir nenhum remédio, exceto o tempo. Ora, o que dissemos das drogas pode ser aplicado, guardadas as devidas proporções, a todo tipo de excitação. Uma vida demasiadamente repleta de excitação é esgotante, e para mantê-la precisamos sempre de estímulos cada vez mais fortes para conseguir a excitação que chegou a ser considerada parte essencial do prazer.

Uma pessoa habituada a excessos de excitação é como uma pessoa viciada em pimenta, que acaba achando irrisória uma certa quantidade que deixaria qualquer outra pessoa cuspindo fogo. Evitar o excesso de excitação sempre traz um certo grau de enfado, mas tal excesso não só prejudica a saúde, como também embota o paladar para todo tipo de prazeres gustativos, substituindo essas satisfações orgânicas profundas por simples cintilações, a sabedoria pela habilidade e a beleza pelas surpresas picantes. Não quero exagerar minhas objeções à excitação. Um certo grau de excitação é algo saudável, mas, como quase tudo, trata-se de uma questão de quantidade. Muito pouca, pode dar ensejo a ânsias mórbidas; em excesso, provoca esgotamento. Portanto, para levar uma vida feliz é imprescindível a capacidade de suportar algum tédio e é isto que deveria ser ensinado aos jovens.

Todos os grandes livros contêm partes aborrecidas e todas as grandes vidas contaram com períodos sem nenhum interesse. Imaginemos um moderno editor norte-americano a quem apresentassem o Antigo Testamento como se fosse um manuscrito novo, que ele vê pela primeira vez. Não é difícil imaginar quais seriam seus comentários, por exemplo, acerca das genealogias. "Meu senhor, está faltando garra neste capítulo. Não posso crer que o senhor ache que os leitores vão se interessar por uma simples lista de nomes próprios de pessoas a cujo respeito não se conta quase nada", diria ele. "Reconheço que o começo da história tem bastante estilo — e isso me impressionou favoravelmente —, mas o senhor me parece obcecado com a ideia de contar tudo." E continuaria:

"Saliente os momentos importantes, elimine o supérfluo e traga-me novamente os originais quando os houver reduzido a um tamanho razoável." Isto diria o editor moderno, sabendo que o leitor atual receia enfadar-se. E teria igual comportamento para com a obra de Confúcio, com o Corão, com *O capital*, de Marx, e com todos os livros consagrados que já venderam milhões de exemplares. E isso não se aplica apenas aos livros consagrados. Todos os melhores romances contêm páginas aborrecidas. Um romance que lance chamas da primeira à última página não será certamente um romance muito bom.

Tampouco as vidas dos grandes homens foram apaixonantes, com exceção de alguns grandes momentos. Sócrates comparecia a um banquete de tempos em tempos e é verdade que se saiu muito bem em suas conversas, enquanto a cicuta fazia efeito, mas a maior parte de sua vida viveu tranquilamente com Xantipa, passeando à tarde e, talvez, encontrando-se com alguns amigos pelo caminho. Costumamos dizer que Kant nunca se afastou mais de 15 quilômetros de Königsberg em toda a sua vida. Darwin, depois de dar a volta ao mundo, passou o resto da vida em sua casa. Marx, após incitar algumas revoluções, resolveu ficar o restante de seus dias no Museu Britânico. Vemos, portanto, que a vida calma é uma característica dos grandes homens e que seus prazeres não foram de uma natureza capaz de impressionar o olho alheio. Nenhum êxito é possível sem trabalho persistente, tão absorvente e difícil, e isso nos deixa pouca energia para as formas de diversão mais fatigantes, à exceção das que servem para recuperar a energia física durante os feriados ou as férias, cujo melhor exemplo é o alpinismo.

A capacidade de suportar uma vida mais ou menos monótona devia ser adquirida na infância. Os pais modernos são culpados nesse particular. Proporcionam aos filhos demasiadas distrações passivas, como espetáculos e guloseimas, e não parecem dar-se conta da importância que tem para a criança o fato de um dia ser igual ao outro, excetuando, naturalmente, as ocasiões especiais. Em geral, os prazeres da infância deveriam ser aqueles que a criança conseguisse extrair de seu ambiente com um pouco de esforço e criatividade. Os prazeres excitantes e que ao mesmo tempo não impliquem nenhum esforço físico, como, por exemplo, o teatro, deveriam vir mais tarde. A excitação é cumulativa, como a droga, e a passividade física que acompanha a excitação é contrária ao instinto. Uma criança, como um rebento, desenvolve-se melhor quando é deixada para crescer sem perturbações em um mesmo local. O excesso de viagens e a enorme variedade de impressões não são boas para os jovens — e é exatamente por isso que, à medida que vão crescendo, tornam-se incapazes de suportar a monotonia frutífera.

Não quero dizer que a monotonia tenha méritos por si própria; digo apenas que certas coisas boas não são possíveis se não existir um certo grau de monotonia. Examinemos o caso do *Prelude*, de Wordsworth: qualquer leitor perceberia sem problemas que o que existe de valioso nas ideias e nos sentimentos do poeta seria impossível para um jovem urbano sofisticado. Um menino ou um jovem que tenha algum propósito construtivo sério aguentará voluntariamente uma grande soma de aborrecimento se julgá-la necessária para seus objetivos. Mas os propósitos construtivos não se constituem facilmente na cabeça de um rapaz se este está levando uma vida de distrações e dissipações, porque, neste caso, seus pensamentos estarão sempre voltados para o próximo prazer e não para o êxito distante. Por tudo isso, uma geração incapaz de suportar o tédio será uma geração de homens pequenos, de homens excessivamente dissociados dos lentos processos da natureza, de homens em quem todos os impulsos vitais murcham, pouco a pouco, como as flores cortadas de um jardim.

Não gosto da linguagem mística, mas não sei como expressar o que quero dizer sem usar frases que soem mais poéticas do que científicas. Somos, enfim, criaturas da Terra; nossa vida faz parte da vida da Terra e nos nutrimos dela, assim como as plantas e os animais. E o ritmo da vida da Terra é lento; o outono e o inverno são tão imprescindíveis quanto a primavera e o verão, o descanso é tão necessário quanto o movimento.

Para a criança, mais ainda do que para o homem, é preciso manter algum contato com os fluxos e os refluxos da vida terrestre. O corpo humano veio se adaptando há milhões de anos a esse ritmo — e a religião chegou a incorporar parte dele na festa da Páscoa.

Um dia vi um menino de dois anos, criado em Londres, sair pela primeira vez para passear pelo campo verde. Era inverno e tudo se achava úmido e sem cor. Aos olhos de um adulto aquilo não tinha nada de agradável, mas provocou no garoto um estranho êxtase. Deitou-se no chão molhado e encostou o rosto na relva, deixando escapar gritinhos de prazer. Sua alegria mostrava-se primitiva, simples e sem tamanho. A necessidade orgânica que ele estava satisfazendo era profunda — aqueles que se veem privados dela quase nunca estão completamente em seu juízo. Muitos prazeres — e o jogo pode ser um bom exemplo — não possuem nenhum elemento desse contato com a Terra. Tais prazeres, no instante em que chegam ao fim, deixam o homem desanimado e insatisfeito, faminto de algo que não sabe o que é. Eles não propiciam realmente o que podemos chamar de alegria. Já aqueles que nos põem em contato com a vida da Terra têm algo profundamente satisfatório; quando cessam, a felicidade que haviam provocado permanece, ainda que sua intensidade, enquanto duraram, seja menor do que a das dissipações mais excitantes. A distinção em que estou pensando refere-se a todo tipo de atividades, desde as mais simples às mais civilizadas.

Aquele menino de dois anos manifestou a forma mais primitiva possível de união com a vida da Terra. Mas o mesmo acontece, de uma maneira mais elevada, com a poesia. Os versos de Shakespeare são imortais, porque estão repletos dessa mesma alegria que levou aquele menino a beijar a relva. Pensemos em *Hark, Hark, the lark* ou em *Come unto these yellow sands*. Vemos nesses poemas a expressão civilizada da mesma emoção que o menino de dois anos só podia expressar com gestos inarticulados. Ou consideremos, em vez disso, a diferença entre o amor e a mera atração sexual. O amor é uma experiência na qual todo nosso ser se renova e ganha forças, como as plantas com a chuva depois do estio. No ato sexual sem amor não há nada disso. Quando o prazer momentâneo termina, só restam a fadiga, o desgosto e a sensação de que a vida se acha vazia. O amor faz parte da vida na Terra; o sexo sem amor, não.

O tipo especial de enfado de que sofrem as populações urbanas modernas está intimamente relacionado com sua separação da vida na Terra. É isso que tem feito da vida uma peregrinação pelo deserto, em meio ao calor, ao pó e à sede. Entre aqueles que são suficientemente ricos para escolher seu modo de vida, o tipo particular de tédio de que padecem se deve, por mais paradoxal que pareça, ao medo de se entediar. Ao fugir do tédio frutífero caem nas garras de outro ainda pior. Uma vida feliz tem que ser, em grande medida, tranquila, pois só em um ambiente calmo pode existir a autêntica alegria.

Capítulo V
Fadiga

Há muitos tipos de fadiga e alguns deles constituem um obstáculo mais grave para a felicidade do que outros. A fadiga puramente física, desde que não seja excessiva, tende em todo caso a contribuir para a felicidade. Proporciona sono profundo, bom apetite e acrescenta atrativo aos prazeres possíveis nos dias sem trabalho. Quando excessiva, transforma-se em algo muito ruim. Exceto nas comunidades mais adiantadas, as mulheres do campo ficam velhas aos trinta anos, consumidas pelo trabalho árduo. Nos primeiros tempos da era industrial, as crianças tinham problemas de crescimento e, não raro, morriam prematuramente por causa do excesso de trabalho. O mesmo continua a acontecer na China e no Japão, onde a atividade industrial é recente; em certa medida, o que ocorre nos países sul-americanos é igual.

Além de certos limites, o trabalho físico é uma tortura atroz e, com muita frequência, se levado a extremos, torna a vida insuportável. Mas nos locais mais adiantados do mundo moderno a fadiga física se reduziu bastante graças às melhorias das condições industriais. Em tais comunidades, o tipo mais grave de fadiga em nossos tempos é o esgotamento nervoso. Curiosamente, esse tipo de fadiga é mais comum entre as pessoas abastadas e tende a ocorrer bem menos entre os assalariados do que entre os homens de negócios e os profissionais intelectuais.

Escapar ao esgotamento nervoso na vida moderna é algo muito difícil. Em primeiro lugar, durante as horas de serviço — e sobretudo durante o trajeto entre sua casa e o local de trabalho —, o trabalhador urbano fica exposto a ruídos, embora seja verdade que ele já aprendeu a não ouvir conscientemente a maior parte deles; mas mesmo assim esses ruídos o vão desgastando, sem falar no esforço subconsciente que faz para não ouvi-los. Outro fato que causa fadiga, sem que tenhamos consciência disso, é a constante presença de estranhos. O instinto natural do homem — e de outros animais — é investigar todo desconhecido de sua mesma espécie, com a intenção de decidir se deve tratá-lo de maneira amistosa ou hostil. Esse instinto tem de ser reprimido pelos que pegam o metrô na hora do *rush* e o resultado dessa inibição faz com que acabem sentindo uma raiva difusa e geral de todos os desconhecidos com quem entram em contato involuntariamente.

Devemos também levar em conta a pressa para pegar a condução pela manhã, com a consequente dispepsia. Por isso, quando chega ao local de trabalho e dá início a sua jornada, o trabalhador urbano já está com os nervos à flor da pele e propício a considerar que toda a raça humana é uma verdadeira moléstia. Seu patrão, sempre com o mesmo mau humor, nada faz para ajudar seu empregado a dissipá-lo. O medo de ser mandado embora obriga este último a comportar-se com cortesia, em uma conduta antinatural que acaba aumentando a tensão nervosa. Se, pelo menos uma vez por semana, fosse permitido aos empregados esfregar na cara do patrão umas boas verdades e mostrar-lhe de outra forma o que pensam dele, isso aliviaria bastante a tensão nervosa; mas para o patrão, que também tem seus problemas, isso nada resolveria. Aquilo que para o empregado é o medo de ser mandado embora, para o patrão traduz-se em medo da bancarrota.

É verdade que muitos donos de empresa já reuniram condições suficientes para sentirem-se acima desse medo, mas, geralmente, para alcançar uma posição mais elevada, tiveram que passar anos lutando de modo extenuante, durante os quais tiveram que se esforçar muito para ficarem sabendo de tudo o que acontecia em todas as partes do mundo e frustrarem constantemente as maquinações de seus concorrentes.

O resultado de tudo isso é que, ao alcançarem o êxito, seus nervos se acham já tão destroçados, tão acostumados com a ansiedade, que não conseguem mais livrar-se desse hábito, mesmo na ausência de motivos cabíveis. Sem dúvida, alguns são filhos de pais ricos, mas normalmente conseguiram criar para si próprios ansiedades o mais parecidas possível com as que teriam sofrido se não houvessem nascido ricos. Com o jogo e as apostas, ganham a desaprovação dos pais; ao perderem horas de sono para desfrutar de suas diversões, debilitam a própria mente; e, quando se derem conta disso, verão que se tornaram tão incapazes de serem felizes como o foram seus pais. Voluntária ou involuntariamente, por escolha ou por necessidade, quase todos os homens de hoje levam uma vida exasperante e estão sempre demasiadamente cansados para serem capazes de sentir prazer sem a ajuda do álcool.

Deixando de lado os ricos que se revelam simplesmente insensatos, examinemos o caso mais comum daqueles cuja fadiga decorre do trabalho extenuante para ganhar a vida. Nesses casos, a fadiga deve--se geralmente às preocupações, e estas podem ser evitadas com uma filosofia de vida melhor e com um pouquinho mais de disciplina mental. A maioria dos homens e das mulheres é incapaz de controlar seus pensamentos. Ou seja, não deixam de pensar em fatos preocupantes em momentos nos quais nada podem fazer. Os homens costumam levar seus problemas de trabalho para a cama e, durante a noite, quando deveriam estar restaurando as forças para enfrentá-los no dia seguinte, não param de remoê-los, ainda que naquele momento não possam mesmo ser resolvidos; não param de pensar neles, mas não de um modo que os inspire a uma linha de ação adequada para o outro dia, e sim da maneira meio louca que caracteriza as atormentadas meditações do insone. Parte dessa loucura noturna continua com eles pela manhã, enevoando-lhes o entendimento, pondo-os de mau humor e fazendo com que fiquem irritados ao menor obstáculo.

O sábio só pensa em seus problemas quando existe algum sentido em fazê-lo; no restante do tempo pensa em outras coisas e, à noite, na cama, em nada pensa. Não estou dizendo com isso que em meio a uma grande crise — por exemplo, quando a ruína parece iminente, ou quando um marido tem boas razões para suspeitar de que sua mulher o trai — seja possível, exceto no caso de algumas mentes excepcionalmente disciplinadas, deixar de pensar no problema mesmo sem querer. Mas é perfeitamente possível não pensar nos problemas dos dias normais, com exceção do momento exato para, por fim, enfrentá-los. É espantoso o quanto homens e mulheres podem aumentar a felicidade e a eficiência cultivando uma mente ordenada, que pense de maneira adequada nas horas certas e não inadequadamente a todo momento. Quando temos que tomar uma decisão difícil ou preocupante, de posse de todos os dados disponíveis, devemos pensar na questão da melhor maneira possível para resolvê-la e tomar a decisão. Feito isso, não temos que voltar ao assunto, a menos que surja um dado novo. Nada é mais tão extenuante e estéril que a indecisão.

Muitas preocupações podem ser afastadas, caso a pessoa se dê conta da pouca importância que tem o assunto que está causando a ansiedade. Ao longo de minha vida, falei em público um número considerável de vezes. No início, a plateia me aterrorizava e o nervosismo fazia-me falar muito mal. Tinha tanto medo de passar por isso, que sempre desejava quebrar uma perna antes de me ver obrigado a pronunciar um discurso e, quando o terminava, ficava esgotado pela tensão nervosa. Pouco a pouco, fui aprendendo a sentir que não tinha a menor importância o fato de falar bem ou não — em qualquer dos dois casos, o universo continuaria sendo o que é. Descobri que quanto menos me preocupava com o fato de falar bem ou mal, menos mal falava — e gradualmente a tensão nervosa diminuiu até quase desaparecer por completo. Grande parte da fadiga nervosa pode ser combatida dessa maneira. O que fazemos não é assim tão importante quanto julgamos. Afinal, nossos êxitos e fracassos não têm tanto peso assim. Podemos sobreviver inclusive aos grandes sofrimentos; as aflições que, segundo uma visão distorcida, pareçam estar prestes a acabar com a felicidade para sempre, dissipam-se com a passagem do tempo, a tal ponto que às vezes é quase impossível recordar quanto tinham sido imensas. Mas, além dessas considerações egocêntricas, permanece o fato de que o ego de uma pessoa é uma parte insignificante do mundo. O homem capaz de concentrar seus pensamentos e esperanças em algo que o transcenda pode encontrar certa paz nos problemas normais da vida, algo que parece impossível para o egoísta empedernido.

O que poderíamos chamar de higiene dos nervos nunca foi muito estudada. É verdade que a psicologia industrial tem feito complicadas investigações sobre a fadiga, e conseguiu demonstrar, mediante conscienciosas estatísticas, que, se alguém continua fazendo algo por um tempo suficientemente longo, acaba ficando muito cansado, um resultado a que se poderia chegar sem tanta aplicação científica. Os estudos psicológicos da fadiga ocupam-se, sobretudo, com a fadiga muscular, embora também haja alguns estudos sobre ela entre as crianças em idade escolar. Mas nenhum deles aborda o que é realmente crucial.

Na vida moderna, o tipo de fadiga que importa é sempre emocional; a fadiga puramente intelectual e a fadiga puramente muscular resolvem-se com o sono. Uma pessoa que tenha realizado uma grande quantidade de trabalho intelectual desprovido de emoção — como, por exemplo, uma série de cálculos complicados — dorme no final de cada dia e dessa forma se livra do cansaço provocado por sua atividade. Os males atribuídos ao excesso de trabalho quase nunca se devem a essa causa, antes a algum tipo de preocupação ou ansiedade. O mal da fadiga emocional é que interfere no descanso. Quanto mais cansada a pessoa, mais difícil a possibilidade de parar. Um dos sintomas da iminência de uma crise nervosa ocorre quando a pessoa acha que está fazendo um trabalho de tal maneira importante que tirar uns poucos dias de férias ocasionaria toda ordem de desastres. Se eu fosse médico, receitaria férias a todos os pacientes que considerassem importante ou decisivo aquilo que fazem.

Na verdade, a crise nervosa que parece provocada pelo trabalho decorre, em todos os casos que pude conhecer pessoalmente, de algum problema emocional de que o paciente procura escapar por meio do trabalho. Luta contra a ideia de deixar de trabalhar porque, se o fizer, já não terá nada que o distraia de pensar em suas desgraças. Naturalmente, o problema pode ser o medo da falência, e nesse caso seu trabalho está diretamente relacionado com sua preocupação, mas, mesmo considerando tal hipótese, é provável que a preocupação o leve a trabalhar tanto que seu entendimento acabe ficando confuso e a falência chegue antes do que teria chegado se ele houvesse trabalhado menos. Em todos os casos, é o problema emocional, não o trabalho, que ocasiona a crise nervosa.

A psicologia da preocupação não é, de forma alguma, simples. Já mencionei a disciplina mental, ou seja, o hábito de pensarmos sobre algo no momento adequado. Isso é importante: primeiro, porque nos torna possível aguentar nossa jornada de trabalho com menos desgaste mental; segundo, porque nos propicia uma cura para a insônia; e terceiro, porque aumenta em nós a eficiência e nos permite tomar decisões melhores. Mas esses métodos não afetam o subconsciente ou o inconsciente, e, quando o problema é grave, qualquer método que não penetre sob o nível da consciência não se presta a muito. Os psicólogos já levaram a efeito vários estudos sobre a influência do subconsciente na mente consciente, mas têm sido menos pródigos naqueles que tratam da influência da mente consciente no subconsciente. Todavia, esta última tem uma importância enorme no terreno da higiene mental e é preciso entendê-la se quisermos que as convicções racionais atuem no reino do inconsciente. Isso se aplica particularmente à questão da preocupação.

É muito fácil dizer a alguém que, se ocorresse esta ou aquela desgraça, não seria tão terrível assim, mas, enquanto isso não passar de uma convicção consciente, não funcionará nas noites de insônia nem impedirá os pesadelos. Pessoalmente, acredito que possamos implantar no subconsciente uma ideia consciente se, para tal, empregarmos força e intensidade suficientes. A maior parte do subconsciente é formada por pensamentos com grande carga emocional que alguma vez foram conscientes e que agora se acham enterrados. Esse processo de inumação pode ser feito deliberadamente e, assim, é possível levar o subconsciente a fazer muitas coisas úteis. Eu, por exemplo, descobri que, se tenho de escrever sobre algum tema difícil, o melhor que faço é pensar nele com bastante intensidade — com a maior intensidade de que sou capaz — durante um certo número de horas ou de dias, e ao fim desse tempo, ordenar, por assim dizer, que o trabalho continue no subconsciente. Depois de alguns meses, volto propositadamente ao tema e percebo que o trabalho está feito. Antes de descobrir esta técnica, costumava passar os meses de intervalo preocupando-me com o fato de não estar fazendo progressos. Tal preocupação retardava a solução e aqueles meses de intervalo eram meses perdidos, ao passo que agora posso dedicá-los a outras tarefas.

Em muitos aspectos, podemos adotar um processo parecido para as ansiedades. Quando ameaçados por alguma desgraça, examinemos com seriedade, deliberadamente, o que é que poderia acontecer de pior. Depois de enfrentar essa possível desgraça, busquemos razões sólidas para pensar que, enfim, o desastre não seria tão terrível. Tais razões sempre existem, porque, na pior das hipóteses, nada do que acontece a alguém tem a menor importância cósmica. Depois de examinar com serenidade, durante algum tempo, a pior possibilidade e dizer a si próprio com autêntica convicção "Bem, afinal isso não teria muita importância", a pessoa descobre que a preocupação diminui de forma impressionante. É possível que seja necessário repetir várias vezes o processo, mas, no fim, se não tivermos eliminado a possibilidade de enfrentar o pior resultado, descobriremos que a preocupação desaparece completamente, sendo substituída por uma espécie de júbilo.

Isso faz parte de uma técnica mais geral para evitar o medo. A preocupação é uma forma de medo e todas as formas de medo causam fadiga. O homem que aprendeu a não ter medo sente diminuir bastante a fadiga da vida cotidiana. O medo, em sua forma mais prejudicial, surge quando existe um certo perigo que não queremos enfrentar. Há momentos em que nossas mentes são invadidas por pensamentos horríveis. O tipo de medo varia com as pessoas, mas quase todo mundo sente alguma espécie de medo secreto. Para um pode ser o câncer, para outro, a ruína financeira, para aquele outro, a descoberta de um segredo vergonhoso, enquanto uma quarta pessoa se sente atormentada pelos ciúmes e uma quinta passa as noites em claro pensando que, talvez, estejam realmente certas as histórias que ouviu na infância sobre o fogo do inferno.

Com certeza, todas essas pessoas se valem de uma técnica inadequada para combater o medo. Sempre que este se apodera de suas mentes, procuram pensar em algo diferente: distraem-se com os jogos, com o trabalho ou com o que seja, embora todas as modalidades de medo se tornem piores quando não enfrentadas. Por outro lado, o esforço para desviar os pensamentos do patamar do horrível é que é o fantasma que nos recusamos a olhar. O melhor procedimento com qualquer tipo de medo consiste em pensarmos no assunto de forma racional e com calma, mas com grande concentração, até nos familiarizarmos completamente com ele. No fim, a familiaridade neutraliza os terrores, toda a questão mostra-se inofensiva e nossos pensamentos se afastam dela, não como antes, por um esforço da vontade, mas agora por pura falta de interesse pelo assunto. Quando o leitor sentir-se inclinado a ficar preocupado com algo, seja o que for, o melhor é pensar nele ainda mais do que o faria normalmente, até que venha a perder seu mórbido fascínio.

A moral moderna não tem encarado adequadamente a questão do medo. É verdade que esperamos dos homens coragem física, sobretudo na guerra, mas não esperamos deles outras formas de coragem, assim como das mulheres não esperamos que mostrem nenhuma forma de coragem. Uma mulher de coragem se vê obrigada a esconder isso, se quiser agradar aos homens. Também não temos em alta conta o homem de coragem em qualquer aspecto que não seja o do perigo físico. A indiferença para com a opinião pública, por exemplo, é considerada um desafio, o público fará tudo o que puder para castigar o homem que se atreva a zombar de seu consenso. Tudo é o contrário do que deveria ser. Toda forma de coragem, tanto nos homens quanto nas mulheres, deveria ser tão admirada como o é a coragem física de um soldado. O fato de que o valor físico seja tão comum entre os jovens demonstra que o valor desenvolve-se em resposta à opinião pública que o exige. Se houvesse mais valor, haveria menos preocupações e, portanto, menos fadiga. A verdade é que uma grande proporção das fadigas nervosas de que padecem atualmente homens e mulheres é devida aos medos, conscientes ou inconscientes.

Uma causa muito frequente de fadiga é o afã da excitação. Se o homem pudesse passar seu tempo livre dormindo, manteria sua boa forma. No entanto, como se desgasta em suas horas de trabalho, sente necessidade de prazer durante as horas de liberdade. O problema é que os prazeres mais fáceis de se obter e mais superficialmente atrativos são quase todos do tipo que esgotam os nervos. O desejo de excitação, quando vai além de certa medida, indica um caráter distorcido ou alguma insatisfação instintiva.

Nos primeiros dias de um casamento feliz, quase nenhum homem sente necessidade de excitação, mas no mundo moderno muitos casamentos têm que ser adiados por tanto tempo que, quando por fim se revelam financeiramente possíveis, a excitação já se converteu num hábito que só pode ser dominado durante um breve tempo. Se a opinião pública permitisse que os homens se casassem aos 21 anos sem assumir os encargos financeiros acarretados atualmente pelo casamento, muitos deles deixariam de correr atrás de prazeres extenuantes, tão fatigantes quanto o seu trabalho. Mas a mera sugestão desta possibilidade é considerada imoral, como se viu no caso do juiz Lindsey, que ficou desonrado, apesar de sua longa e respeitável carreira, pelo único crime de querer salvar os jovens das desgraças a que estão sujeitos como consequência da intolerância dos mais velhos. Mas não irei mais longe nesta questão, que pertence à rubrica da inveja, de que nos ocuparemos no próximo capítulo.

Para a pessoa que não pode alterar as leis nem as instituições que regulam sua vida, fica difícil conservar-se à altura da situação criada e perpetuada por moralistas opressores. Mas devemos ter em mente que os prazeres excitantes não levam à felicidade, embora, enquanto permanecerem inatingíveis tanto quanto outras alegrias mais satisfatórias, a pessoa pode considerar a vida insuportável se não continuar a contar com a ajuda dessa excitação. Em semelhante caso, um homem prudente só tem uma saída: escolher as doses certas e não permitir que uma quantidade de prazeres extenuantes prejudique sua saúde ou interfira em seu trabalho. A cura radical para os problemas dos jovens consiste em uma mudança da moral pública. Enquanto isso, o melhor que um jovem pode fazer é pensar que acabará chegando o momento em que irá se casar e que seria uma insensatez viver de um modo que torne impossível um casamento feliz, o que pode perfeitamente acontecer quando se tem os nervos em frangalhos e uma inaptidão adquirida para os prazeres mais amenos.

Um dos piores aspectos da fadiga nervosa é que ela atua como uma espécie de cortina que separa o homem do mundo exterior. As impressões lhe chegam como amortecidas e sem brilho; já não presta atenção às pessoas senão para ficar irritado com seus pequenos vícios e manias; não tira nenhum prazer das refeições nem do sol, antes costuma concentrar-se de maneira tensa em umas poucas coisas, desprezando tudo o mais. Tal situação não o deixa descansar, e a fadiga vai aumentando até o ponto em que se mostra a necessidade de tratamento médico. No fundo, tudo isso é um castigo por haver perdido o contato com a Terra, como vimos no capítulo anterior. Mas não é fácil encontrar a maneira de manter esse contato nas grandes aglomerações de nossas cidades modernas. Não obstante, com isso vemo-nos novamente na fronteira de importantes questões sociais que não preenchem o escopo deste livro.

Capítulo VI
Inveja

Depois da preocupação, uma das causas mais poderosas da infelicidade é provavelmente a inveja. Quanto a mim, diria que a inveja é uma das paixões humanas mais universais e mais arraigadas. É bastante notável nas crianças que ainda não completaram seu primeiro ano de vida — e todo educador deve tratá-la com muito respeito e cuidado. A mais leve aparência de que estejamos favorecendo uma criança em detrimento de outra é rapidamente percebida e causa ressentimento. Todo aquele que cuida de crianças deve observar uma justiça distributiva absoluta, rígida e invariável. Mas as crianças são apenas um pouco mais claras que os adultos em suas manifestações de inveja e de ciúme — que é uma forma especial de inveja. A emoção tem tanta força nos adultos quanto nas crianças.

Um bom exemplo são as criadas. Lembro-me de que uma das nossas, que era casada, ficou grávida, e logo lhe dissemos que durante esse tempo não carregasse peso. O resultado instantâneo foi que todas as outras adotaram a mesma atitude e todo trabalho desse tipo passou a ser feito por nós mesmos.

A inveja é a base da democracia. Heráclito afirma que todos os habitantes de Éfeso deveriam ser enforcados por haverem dito "ninguém será o primeiro entre nós". O movimento democrático nas cidades--Estado gregas inspirou-se com certeza nesta paixão e o mesmo pode ser dito quanto à democracia moderna. É verdade que existe uma teoria idealista, segundo a qual a democracia é a melhor forma de governo. Eu mesmo acredito que esta teoria esteja certa. No entanto, não existe nenhum aspecto da prática política no qual as teorias idealistas tenham força suficiente para provocar grandes mudanças. Quando são produzidas grandes mudanças, as teorias que as justificam aparentam sempre uma máscara de paixão. E a paixão que deu impulso às teorias democráticas foi, sem dúvida, a paixão da inveja.

Leiam, por exemplo, as memórias de madame Roland, a quem se costuma representar com frequência como uma mulher generosa, inspirada pelo amor ao povo. O leitor descobrirá que aquilo que fez dessa mulher uma democrata tão veemente foi o fato de ser obrigada a usar a porta de serviço sempre que visitava uma mansão aristocrática.

Entre as mulheres respeitáveis normais, a inveja desempenha um papel extraordinariamente importante. Imagine-se o leitor sentado numa composição do metrô em cujo carro entra uma mulher bem-vestida: repare como as outras mulheres olham para ela. Verá que todas elas, possivelmente com exceção apenas das que também se acham bem-vestidas, lançam-lhe olhares malévolos, procurando tirar conclusões eivadas de menosprezo. O gosto pelo escândalo é uma manifestação dessa malevolência geral: qualquer boato acerca de qualquer outra mulher é acatado rapidamente, mesmo sem provas convincentes. A elevada moralidade cumpre o mesmo propósito: os que têm ocasião de pecar contra ela são invejados e é considerado virtuoso castigá-los por seus pecados. Este tipo particular de virtude mostra-se gratificante por si mesmo.

Mas entre os homens não ocorre diferentemente, com o único pormenor de que as mulheres consideram todas as outras como concorrentes, enquanto os homens, em geral, só experimentam tal sentimento por aqueles da mesma profissão. O leitor, por acaso, já cometeu a imprudência de elogiar um artista na frente de outro artista? Já elogiou um político na frente de outro político do mesmo partido? Já falou bem de um intelectual na frente de outro intelectual? Se já o fez, aposto, sem medo de errar, que provocou uma explosão de ciúmes.

Na correspondência entre Leibniz e Huyghens há numerosos lamentos sobre o suposto fato de que Newton tinha ficado louco. "Não é terrível", diziam um ao outro, "que o gênio incomparável do sr. Newton tenha se enevoado com a perda da razão?". E esses dois homens eminentes, carta após carta, choravam lágrimas de crocodilo com evidente regozijo. A verdade é que a desgraça que ambos lamentavam de forma tão hipócrita não ocorrera, embora um certo número de atitudes excêntricas por parte de Newton houvesse dado origem a tais boatos.

Entre todas as características da condição humana normal, a inveja é a mais lamentável; o invejoso não só deseja causar dano, mas também não hesita em causá-lo, desde que anteveja a possibilidade de sair impune. Mas a inveja torna-o infeliz. Em vez de sentir prazer com o que tem, sofre pelo que os outros têm. Se puder, privará todos os demais de suas vantagens, o que para ele é tão satisfatório quanto conseguir essas mesmas vantagens para si. Se dá livre curso a essa paixão, torna-se deletério para tudo o que seja excelente, inclusive para as aplicações mais proveitosas das aptidões excepcionais. Por que um médico precisa ter um carro para visitar seus pacientes, quando um operário tem de ir a pé para o trabalho? Por que um pesquisador científico trabalha num gabinete com aquecimento, enquanto outros ficam à mercê da inclemência dos elementos? Por que um homem que possui um talento raro, de grande importância para o mundo, não precisa cuidar das tarefas domésticas mais extenuantes? A inveja não encontra resposta para tais perguntas. Mas felizmente existe na condição humana uma paixão que compensa isso: a admiração. Quem quiser aumentar a felicidade humana deve buscar aumentar a admiração e reduzir a inveja.

Existe algum remédio para a inveja? Para o santo, o remédio é a abnegação, embora não seja impossível haver entre os santos inveja de outros santos. Duvido muito que são Simeão, o Estilita, houvesse ficado verdadeiramente alegre ao tomar conhecimento de que havia outro santo que permanecera por mais tempo sobre uma coluna ainda mais delgada. Porém, deixando os santos em paz, o único remédio contra a inveja no caso de homens e mulheres normais é a felicidade — e o problema é que a inveja constitui um terrível obstáculo para a felicidade.

Creio que a inveja ganha força nos seres humanos pelos contratempos sofridos durante a infância. A criança que percebe uma preferência por parte dos mais velhos para com seu irmão ou irmã adquire o hábito da inveja e, quando sai para o mundo, começa por buscar as injustiças que justifiquem sua autoproclamada condição de vítima. Se tais injustiças ocorrem, percebe-as no mesmo instante; se não ocorrem, imagina-as. Um homem desses só pode ser infeliz e tornar-se uma ameaça para os amigos que não têm como estar sempre alerta para evitar deslizes imaginários. Acreditando desde o início que ninguém gosta dele, seu comportamento acaba por concretizar tal crença. Outro contratempo da infância que acarreta o mesmo resultado é ter pais sem espírito paternal. Ainda que não haja irmãos injustamente favorecidos, a criança pode perceber que seus coleguinhas são mais queridos pelos pais deles do que ela própria pelos seus. Isso a levará a odiar as outras crianças e seus próprios pais, e, quando ela crescer, se verá como Ismael. Há certos tipos de felicidade a que todos têm direito por nascimento, e aqueles que se veem privados disso tornam-se mais tarde ressentidos e amargurados.

Mas o invejoso pode dizer: "De que me adianta saber que o remédio da inveja é a felicidade? Eu não posso ser feliz enquanto continuar sentindo inveja; e vocês vêm me dizer que não posso deixar de ser invejoso enquanto não for feliz." Contudo, a vida real nunca é tão lógica assim. O simples fato de termos consciência das causas dos sentimentos de inveja já representa um passo gigantesco para a nossa cura. O hábito de pensarmos fazendo comparações é fatal. Quando nos acontece algo agradável, é preciso desfrutá-lo plenamente, sem perder tempo, pensando que isso não é tão agradável como alguma outra coisa que esteja ocorrendo com outra pessoa. "Sim, está fazendo um dia lindo", dirá o invejoso. "É primavera, os pássaros cantam, as flores se abrem, mas tenho ouvido dizer que a primavera na Sicília é mil vezes mais bonita, que os pássaros cantam melhor nos arvoredos do Helicão e que as rosas de Sharon são muito mais viçosas que as de meu jardim." Basta pensar dessa maneira para que então o sol perca o encanto, o gorjeio dos pássaros se transforme numa confusão sem graça de sons e já não valha a pena contemplar as flores. E é assim que o invejoso trata todas as outras alegrias da vida. "Sim, a mulher de meu coração é encantadora", dirá para consigo. "Eu a amo e ela me ama. Mas como deve ter sido excepcionalmente bela a rainha de Sabá! Ah, se eu tivesse tido as oportunidades que teve Salomão!"

Todas essas comparações são absurdas e tolas. Dá no mesmo que a causa de nosso descontentamento seja a rainha de Sabá ou nosso vizinho de porta. Para o sábio, o que temos não deixa de ser agradável porque outros têm outras coisas mais. Na realidade, a inveja é um vício em parte moral e em parte intelectual, que consiste em nunca ver as coisas como elas são, sem compará-las com outras. Vamos supor que eu ganhe um salário suficiente para minhas necessidades. Deveria estar satisfeito, mas de repente fico sabendo que outra pessoa, que não é melhor do que eu em nenhum aspecto, ganha o dobro. E, no mesmo instante, se tenho inclinação para a inveja, a satisfação que deveria causar-me aquilo que possuo se esvai e começo a ser devorado por uma sensação de injustiça.

O remédio adequado para isso é a disciplina mental, o hábito de não remoer pensamentos inúteis. Afinal, o que pode ser mais invejável do que a felicidade? E, se posso curar-me da inveja, posso igualmente alcançar a felicidade e tornar-me objeto de inveja. Aposto que o homem que ganha o dobro de meu salário sofre, por sua vez, ao pensar que um terceiro recebe o dobro do que ele ganha, e assim sucessivamente. Se aquilo que o leitor deseja é a glória, tem tudo para invejar Napoleão. Mas Napoleão invejava César, este invejava Alexandre, o qual com toda a certeza invejava Hércules, que nunca existiu. Logo, não é possível livrar-se da inveja apenas por meio do êxito, porque sempre haverá na história ou na lenda alguém com um ainda maior.

Podemos nos libertar da inveja desfrutando os prazeres que vêm a nosso encontro, fazendo o que precisa ser feito, evitando comparações com aqueles que acreditamos, muitas vezes de forma inteiramente equivocada, terem melhor sorte do que nós.

A modéstia desnecessária tem muito a ver com a inveja. Costumamos considerar a modéstia como uma virtude, mas, em minha opinião, em suas formas mais extremas a modéstia não é uma virtude. As pessoas modestas precisam de muita segurança e, em geral, não ousam enfrentar tarefas para as quais se acham perfeitamente preparadas. O modesto se sente eclipsado pelas pessoas de sua convivência. Portanto, é especialmente propenso à inveja e, por causa dela, à infelicidade e à má vontade.

Quanto a mim, acredito que não há mal algum na educação de uma criança com vistas a fazer dela um tipo extraordinário. Não creio que um pavão inveje a cauda do outro, porque todo pavão está convencido de que sua cauda é a mais bonita do mundo. A consequência é que os pavões são aves pacíficas. Imagine o leitor como seria terrível a vida de um pavão, se lhe ensinassem que é ruim ter uma boa opinião de si próprio. Toda vez que visse outro pavão exibindo sua cauda, diria: "Não devo pensar que minha cauda é mais bonita do que essa, pois seria um pecado de presunção, mas como eu gostaria que fosse!" E concluiria: "Esse odioso pavão está convencido de que é magnífico! E se lhe arrancasse algumas plumas? Assim, eu já não teria que ficar preocupado me comparando com ele."

E poderia até pegar o outro numa armadilha, para mostrar que se tratava de um mau pavão, que não sabia comportar-se como um pavão, e denunciá-lo às autoridades. Pouco a pouco, estabeleceria os princípios de que os pavões com cauda especialmente belas são quase sempre maus e que os bons governantes do reino dos pavões deveriam favorecer as aves humildes, limitando o número de plumas que um pavão deveria ter na cauda. Firmado tal princípio, faria condenar à morte os pavões mais bonitos e, por fim, as caudas exuberantes se tornariam apenas uma pavorosa recordação do passado. Assim é a vitória da inveja disfarçada de moralidade. Não percebemos, porém, que, quando todo pavão se considera mais bonito do que os outros, toda essa repressão é desnecessária. Cada pavão espera ganhar o primeiro lugar em um concurso, e cada um deles, admirando a fêmea que lhe coube por sorte, acha-se convencido de que o ganhou.

Certamente a inveja está extremamente associada à competição. Não invejamos a boa sorte que consideramos inteiramente fora de nosso alcance. Nas épocas em que a hierarquia social é fixa, as classes baixas não invejam as classes altas, já que há a crença de que a separação entre pobres e ricos foi ordenada por Deus. Os mendigos não invejam os milionários, embora invejem outros mendigos com mais sorte do que a deles. A falta de estabilidade da posição social no mundo moderno e as doutrinas igualitárias democrática e socialista ampliaram muito o âmbito da inveja. Por enquanto, isso não deixa de ser ruim, mas é um mal que precisamos suportar até havermos chegado a um sistema social mais justo. Quando pensamos racionalmente nas desigualdades, comprovamos que são injustas, desde que não estejam baseadas em algum mérito superior. E, enquanto as vemos como injustas, a inveja resultante terá cura apenas pela eliminação da injustiça. Por isso, a inveja, hoje, desempenha um papel tão importante. Os pobres invejam os ricos, as nações pobres invejam as ricas, as mulheres invejam os homens e as mulheres virtuosas invejam as não virtuosas que ficam impunes.

Embora seja verdade que a inveja é a principal força promotora da justiça entre as diferentes classes, nações e sexos, também é verdade que o tipo de justiça que podemos esperar como consequência da inveja será, com toda a certeza, do pior tipo possível; uma justiça empenhada em reduzir os prazeres dos bem-sucedidos e não em aumentar os prazeres dos desfavorecidos. As paixões que causam danos na vida particular também o fazem na vida pública. Não há como supor que algo tão ruim como a inveja possa produzir bons resultados. Portanto, aqueles que por motivos idealistas desejam profundas mudanças em nosso sistema social e um grande incremento da justiça social devem confiar em que sejam outras forças, contrárias à inveja, as responsáveis por tais mudanças.

Todos os males estão relacionados entre si e qualquer um deles pode ser a causa de outro. A própria fadiga é uma causa bastante frequente da inveja. Quando um homem sente-se inapto para um trabalho que precisa fazer, experimenta um descontentamento geral que tem todas as possibilidades de assumir a forma de inveja para com aqueles que têm um trabalho menos exigente. Desse modo, uma das maneiras de reduzir a inveja consiste em reduzir a fadiga. Mas o mais importante é procurar uma vida que seja satisfatória para os instintos. Com efeito, muitas invejas que parecem unicamente profissionais têm um motivo sexual.

É improvável que um homem feliz com a mulher e os filhos sinta muita inveja de outros por sua riqueza ou seus êxitos, desde que possa contar com o suficiente para criar os filhos de uma maneira que considere adequada. Os elementos essenciais da felicidade humana são simples, tão simples que as pessoas sofisticadas não são capazes de admitir que é exatamente isso o que lhes falta. As mulheres que mencionamos há pouco, que olham com inveja para outras mulheres bem-vestidas, de modo algum são felizes em sua vida instintiva. A felicidade instintiva é rara no mundo de fala inglesa, especialmente entre as mulheres. Nesse aspecto, a civilização parece haver errado o caminho. Se quisermos que haja menos inveja, será preciso encontrarmos a maneira de remediar tal situação; e, se ela não for encontrada, nossa civilização corre o perigo de acabar destruída numa orgia de ódio.

Na Antiguidade, as pessoas só invejavam seus vizinhos, porque quase não faziam ideia do resto do mundo. Agora, graças à educação e à imprensa, todos sabem muito, ainda que de modo abstrato, sobre grandes setores da humanidade dos quais não conhece um único indivíduo. Graças ao cinema, creem saber como vivem os ricos; graças aos jornais, têm muitas informações sobre a maldade das nações estrangeiras; graças à propaganda, tomam conhecimento dos hábitos vergonhosos daqueles que têm a pele com uma pigmentação diferente da sua. Os amarelos odeiam os brancos, os brancos odeiam os negros, e assim por diante. Sempre ouvimos dizer que todo esse ódio é incitado pela propaganda, mas esta é uma explicação bastante superficial. Por que é mais efetiva a propaganda que incita ao ódio do que aquela que promove os sentimentos amistosos? Evidentemente, a razão é que o coração humano, tal como o moldou a civilização moderna, está mais inclinado ao ódio do que à amizade. E está propenso ao ódio porque se acha insatisfeito, porque a pessoa experimenta no âmago de seu ser, talvez até subconscientemente, que de alguma forma lhe escapou o sentido da vida, que certamente outras, que não ela, açambarcaram as boas coisas que a natureza oferece para o gozo dos homens.

A soma positiva de prazeres na vida moderna é, sem dúvida, maior do que nas comunidades primitivas, mas a consciência do que isso poderia abranger aumentou. Na próxima vez que o leitor levar seus filhos ao jardim zoológico, preste atenção nos macacos: quando não se acham em plena atividade ou comendo algo, exibem uma estranha tristeza fatigada. Quase poderíamos pensar que gostariam de virar homens, mas que não conhecem o processo secreto para tal.

No curso da evolução, erraram o caminho; seus primos continuaram avançando, enquanto eles ficavam para trás. Na alma do homem civilizado parece haver penetrado parte dessas mesmas tensão e angústia. Sabe que existe algo melhor para ele que está quase a seu alcance, mas não sabe onde buscá-lo nem como encontrá-lo. Desesperado, lança-se furioso contra o próximo, que se acha igualmente perdido e igualmente infeliz. Chegamos a uma quadra da evolução que não é a fase final. Teremos de atravessá-la rapidamente, ou quase todos perecerão pelo caminho e os restantes ficarão perdidos num cipoal de dúvidas e medos. Dessa forma, a inveja, por pior que seja, mesmo em seus mais terríveis efeitos, não é inteiramente diabólica. Em parte, resulta da manifestação de uma dor heroica, da dor dos que caminham às cegas pela noite — ou se veem como passíveis de morte e destruição —, em busca de um refúgio melhor. Para encontrar a senda que lhe permita sair desse desespero, o homem civilizado precisa desenvolver seu coração, assim como desenvolveu seu cérebro. Deve aprender a transcender a si próprio e, com isso, alcançar a liberdade do universo.

Capítulo VII

Sentimento de pecado

Já tive a oportunidade de comentar o sentimento de pecado no Capítulo 1, mas a intenção agora é ir fundo no tema, porque este trata de uma das mais importantes causas psicológicas da infelicidade na vida adulta.

Existe uma tradicional psicologia religiosa do pecado que nenhum psicólogo moderno pode aceitar. Acreditavam, antigamente, em especial entre os protestantes, que a consciência era capaz de dizer a um homem se um determinado ato a que este é tentado deve ou não ser tomado como pecaminoso e que, depois de praticá-lo, pode fazê-lo experimentar pelo menos duas sensações dolorosas: o chamado remorso, que não possui qualquer mérito, ou o chamado arrependimento, que é capaz de apagar sua culpa. Nos países protestantes, inclusive, muitas pessoas que haviam perdido a fé continuavam aceitando durante algum tempo, com maiores ou menores modificações, o conceito ortodoxo do pecado. Atualmente, em parte devido à psicanálise, a situação inverteu-se: a velha doutrina do pecado não apenas é recusada pelos heterodoxos, mas também pelos muitos que se consideram ortodoxos. A consciência, que era mágica, exatamente porque era considerada a voz de Deus, deixou de ser algo misterioso. Sabemos que a consciência aconselha a agir de diferentes modos nas variadas regiões do mundo e que, em termos gerais, em todas elas se acha em concordância com o costume tribal. O que ocorre de fato quando um homem tem a consciência culpada?

Na verdade, a palavra "consciência" abrange vários sentimentos diferentes, sendo o mais simples de todos o medo de ser descoberto. Tenho certeza de que o estimado leitor tem levado uma vida completamente inatacável, mas, se interrogar alguém que haja feito algo passível de castigo que possa ser descoberto, comprovará que, na iminência de ser apanhada, a pessoa em questão se arrepende de seu delito. Naturalmente, isso não se aplica ao ladrão profissional, que já espera mesmo ser mandado de tempos em tempos para a cadeia e considera tal eventualidade um risco de seu trabalho, mas cai realmente como uma luva no caso daquele que poderíamos chamar de delinquente respeitável, como, por exemplo, o gerente de banco que dá um desfalque num momento de dificuldades, ou o padre que se deixou arrastar pela paixão carnal. Tais homens podem se esquecer de seu delito enquanto parece haver pouco risco de serem descobertos, mas, quando o são, ou correm grande perigo de o serem, lamentam não terem sido mais virtuosos — e isso pode lhes dar uma viva sensação da enormidade de seu pecado.

Estreitamente relacionado com este sentimento acha-se o medo de ser excluído do rebanho. Um homem que trapaceia no jogo ou que não paga suas dívidas não possui nenhum argumento para contrapor à desaprovação coletiva quando descoberto. Nisso é diferente do líder religioso que luta por inovações, do anarquista e do revolucionário, os quais estão convencidos de que, seja qual for a situação atual, o futuro lhes pertence e lhes prestará homenagens, tanto quanto o presente os denigre. Esses homens, apesar da hostilidade do rebanho, não se consideram pecadores, mas o homem que aceita inteiramente a moral do coletivo e, ainda assim, age contra ela, sofre terrivelmente quando é excluído, e o medo disso, a dor que isso acarreta, pode facilmente levá-lo a considerar seus atos pecaminosos.

Mas, em suas formas mais cruciais, o sentimento do pecado é algo ainda mais profundo. Mergulha suas raízes no subconsciente e não aparece na mente consciente por causa do medo da desaprovação alheia. Na mente consciente existem certos atos que levam o rótulo de "pecado" sem nenhuma razão que possa ser descoberta por introspecção. Quando um homem comete esses atos, sente um mal-estar sem motivo aparente. Desejaria ser o tipo de pessoa capaz de abster-se daquilo que considera ser pecado. Só sente admiração moral pelos que se creem puros de coração. Reconhece, com um grau maior ou menor de pesar, que não tem escopo de santo. De fato, seu conceito de santidade é com toda a certeza impossível de ser mantido na vida cotidiana normal. Por conseguinte, passa a vida inteira com uma sensação de culpa, convencido de que as coisas boas não foram feitas para ele e de que seus melhores momentos são os de pranteada penitência.

Em quase todos os casos, a origem de tudo isso é a educação moral recebida da mãe e da babá até mais ou menos os sete anos. Antes dessa idade, já aprendeu que não deve dizer palavrão e que o correto é usar sempre uma linguagem adequada, que só os homens maus bebem e que o tabaco é incompatível com as virtudes mais elevadas. Aprendeu que nunca deve mentir. E, sobretudo, aprendeu que o interesse pelos órgãos sexuais é uma abominação. Sabia que esse era o pensamento de sua mãe e acreditou nele como se fossem palavras do próprio Deus. O maior prazer de sua vida era ser tratado com carinho por sua mãe ou, se esta não lhe dava atenção, por sua babá, e tal prazer só era obtido quando ficava constatado que não havia pecado contra o código moral. E assim acabou associando algo vagamente horrível a toda conduta que sua mãe ou sua babá desaprovaram. Pouco a pouco, ao chegar à idade adulta, esqueceu de onde procedia seu código moral e qual havia sido no princípio o castigo por desobedecer-lhe, mas não prescindiu do código moral nem deixou de sentir que algo terrível lhe aconteceria se o infringisse.

Boa parte dessa educação moral das crianças não tem qualquer base racional e não deveria ser aplicada à conduta normal dos homens normais. Do ponto de vista racional, por exemplo, um homem que diz "palavrão" não é pior do que aquele que não os diz. Não obstante, quando se trata de imaginar um santo, praticamente todo mundo acha imprescindível que ele se abstenha de dizer palavras feias. À luz da razão, isso é uma tolice. O mesmo pode ser dito a respeito do álcool e do tabaco. Quanto ao álcool, tal atitude não existe nos países do Sul e pode até mesmo ser considerada ímpia, já que sabemos que Nosso Senhor e os apóstolos bebiam vinho. No caso do tabaco, é mais fácil manter uma atitude negativa, já que todos os grandes santos viveram numa época em que seu uso ainda não era conhecido. Mas, mesmo assim, não pode caber, quanto a isso, qualquer argumento racional. Quem acha que ninguém deveria fumar, no fundo, baseia-se na opinião de que nenhum santo faria algo só porque lhe causaria prazer. Este elemento ascético da moral comum já é quase subconsciente, mas atua em todos os aspectos que tornam irracional nosso código moral. Uma ética racional consideraria louvável proporcionar prazer a todos, inclusive para si próprio, desde que isso não lhe fosse prejudicial nem causasse dano aos outros. Se não ligássemos para o ascetismo, o homem virtuoso ideal seria o que permitisse o gozo de todas as coisas boas, sempre que não houvesse resultados ruins que pesassem mais que o gozo.

Voltemos a examinar a questão da mentira. Não desconheço que existe muita mentira no mundo, nem que todos nós estaríamos bem melhor se houvesse um maior grau de sinceridade, mas nego peremptoriamente, como o faria qualquer pessoa razoável, que mentir não possa ser justificado em nenhuma circunstância. Uma vez, passeando pelo campo, vi uma raposa cansada, à beira do esgotamento total, mas que ainda se esforçava por continuar correndo. Poucos minutos depois, vi os caçadores. Perguntaram-me se eu tinha visto a raposa, e eu respondi que sim. Queriam saber para que lado ela tinha ido, e eu menti. Não creio que teria sido uma pessoa melhor se lhes houvesse dito a verdade.

Mas onde se mostra mais nociva a educação moral da primeira infância é no terreno do sexo. Se um menino recebeu uma educação convencional por parte de pais ou de responsáveis severos, a ligação entre o pecado e os órgãos sexuais revela-se já arraigada quando ele completa, por exemplo, os seis anos, e é bem improvável que ele consiga liberar-se completamente desta educação durante o restante de sua vida. Naturalmente, este sentimento é reforçado pelo complexo de Édipo, visto ser a mulher mais amada durante a infância aquela com quem é impossível manter qualquer tipo de liberdade sexual. O resultado é que muitos homens, já a partir da fase adulta, acham que o sexo degrada as mulheres e não conseguem respeitar suas esposas, a menos que estas odeiem contato sexual. Mas o homem que tem uma mulher fria se verá, pelo instinto, estimulado a buscar satisfação em outro lugar. No entanto, esta satisfação instintiva, se a encontrar momentaneamente, ficará envenenada pelo sentimento de culpa, o que impedirá este homem de ser feliz em todas essas suas relações com as mulheres, tanto no matrimônio quanto fora dele. Com a mulher, o que acontece é semelhante: ensinaram-lhe, com insistência, a ser o que chamamos de "pura". Instintivamente, ela representa um papel secundário em suas relações sexuais com o marido e sente medo de obter prazer com elas, embora seja verdade que tal comportamento é bem menos frequente hoje do que o foi há cinquenta anos. Eu diria até que, no momento, entre as pessoas cultas, a vida sexual dos homens está mais complicada e mais envenenada pelo sentimento de pecado do que a das mulheres.

As pessoas estão começando a perceber — apesar de nelas não estarem incluídas as autoridades públicas — como é deletéria a educação sexual das crianças. A norma correta é muito simples: até que a criança se aproxime da puberdade, não deve aprender nenhum tipo de moral sexual e as pessoas devem, sobretudo, evitar inculcar-lhe a ideia de que as funções naturais do corpo têm algo de repugnante. Quando for o momento de propiciar-lhe educação moral, esta tem de ser racional, e tudo o que lhe venha a ser dito deve apoiar-se em bases sólidas. Mas aqui não pretendo falar de educação. Minha intenção neste livro é discutir o que pode ser feito pelo adulto para mitigar ao máximo os efeitos danosos de uma educação inadequada que acabou por trazer-lhe o sentimento irracional de pecado.

O problema é o mesmo que já vimos nos capítulos anteriores: temos de compelir o subconsciente a perceber as crenças racionais que governam nosso pensamento consciente. Os homens não se devem deixar arrastar por seus estados de ânimo, acreditando agora nisso e depois naquilo. O sentimento do pecado se torna mais agudo especialmente nos momentos em que a vontade consciente se acha debilitada pela fadiga, pela doença, pela bebida ou por qualquer outra coisa. Uma pessoa considera aquilo que sente nessas horas — a menos que seja por efeito de bebida — uma revelação de suas faculdades superiores. "Se o demônio estivesse doente, seria um santo." Mas é absurdo supor que nos momentos de debilidade tenhamos mais inteligência do que nos instantes de boa disposição. Nos momentos de debilidade, é difícil resistir às sugestões infantis, mas não existe razão alguma para considerar que tais sugestões sejam preferíveis às crenças do homem adulto em plena posse de suas faculdades. Diferentemente disso, aquilo em que um homem deliberadamente acredita, com toda a sua própria razão e levado por suas forças, deveria ser a norma para o que convém a ele acreditar por todos os momentos. Utilizando a técnica adequada, é perfeitamente possível vencer as sugestões infantis do subconsciente e, inclusive, alterar seu conteúdo.

Quando o leitor começar a sentir remorsos por um ato que sua razão lhe garante que não é mau, examine as causas da sensação de remorso e convença-se de uma vez por todas de que é absurdo. Deixe que suas crenças conscientes se tornem tão vivas e insistentes a ponto de causar no subconsciente uma marca bastante forte para contrapor às marcas que lhe deixaram sua mãe ou sua babá na época da infância. Não se conforme com a alternância entre momentos de racionalidade e momentos de irracionalidade. Encare de frente o irracional, resolvido a não respeitá-lo, e não deixe que ele o domine. Sempre que ele impelir para a mente consciente pensamentos ou sentimentos absurdos, arranque-os pela raiz, examine-os e os rechace. Não se resigne a ser uma pessoa vacilante, que oscila entre a razão e as tolices infantis. Não tenha medo de ser irreverente com a recordação daqueles que controlaram sua infância. Naquela época pareciam fortes e sábios porque você era débil e ignorante. Agora, que já não estão em nenhuma dessas posições, cabe-lhe investigar a aparente força e sabedoria daqueles e verificar se merecem todo esse respeito que, por força do hábito, você ainda lhes concede. Indague-se, com seriedade, se o mundo melhorou graças ao ensinamento moral que tradicionalmente é propiciado à juventude. Considere a quantidade de superstição que contribui para a formação do homem convencionalmente virtuoso e tenha presente no espírito que, enquanto era protegido contra toda espécie de perigos morais imaginários, à base de proibições perfeitamente estúpidas, praticamente os verdadeiros perigos morais a que se acha exposto um adulto ficavam esquecidos.

Quais são os atos realmente prejudiciais a que se vê tentado um homem comum? Astúcia nos negócios, em situações que não chegam a ser proibidas por lei, dureza para com os empregados, crueldade para com a esposa e os filhos, maledicência para com os concorrentes, ferocidade nos conflitos políticos. São estes os pecados realmente danosos mais comuns entre os cidadãos respeitáveis e respeitados. Por intermédio desses pecados, o homem semeia a miséria em seu círculo imediato e contribui com sua cota para a destruição da civilização. No entanto, não é isso que, quando ele se acha doente, o faz considerar-se um pária que perdeu todo o direito à graça divina. Não é isso que lhe provoca pesadelos nos quais, por exemplo, tem visões de sua mãe dirigindo-lhe olhares de censura. Por que sua moralidade subconsciente se acha tão divorciada da razão? Porque a ética em que acreditavam aqueles que o orientaram em sua infância é uma tolice. Porque não estava baseada em nenhum estudo dos deveres do indivíduo para com a comunidade. Porque se constituía de velhos resíduos de tabus irracionais. E porque continha em si elementos mórbidos provenientes da enfermidade espiritual que afligiu o moribundo Império Romano. Nossa moral oficial foi formulada por sacerdotes e mulheres mentalmente escravizados. Já vai soando a hora de os homens, que vão participar normalmente na vida normal do mundo, aprenderem a rebelar-se contra essa idiotice doentia.

Mas, para que a rebelião tenha êxito, para que traga felicidade aos indivíduos e lhes permita viver de maneira consistente de acordo com um determinado critério — e não hesitante entre dois outros ou mais —, é necessário que o indivíduo pense e sinta profundamente o que a sua razão lhe diz. A maioria dos homens, quando rechaça superficialmente as superstições de sua infância, crê que já não lhe resta nada mais a fazer. Não percebe que tais superstições continuam à espreita, ameaçando-os. Quando aparece uma convicção racional, é preciso assumi-la com energia, aceitar suas consequências, examinar se ainda não ficaram crenças que não batem com esta nova convicção. E se, mesmo assim, o sentimento do pecado ganhar força, como acontece de vez em quando, este não deve ser tratado como revelação ou convocação para algo mais elevado, mas sim como enfermidade e debilidade, a menos, naturalmente, que tenha sido causado por um ato condenado pela ética racional. Não estou sugerindo que o homem deva renunciar à moral, mas sim que deve renunciar à moral supersticiosa, o que é bem diferente.

Contudo, se de fato um homem infringe seu próprio código racional, não creio que o sentimento de pecado seja o melhor método para alcançar um modo de vida melhor. O sentimento do pecado tem algo de abjeto, algo que atenta contra o respeito devido a si próprio. O homem racional vê seus atos indesejáveis da mesma forma como vê os dos outros, como atos provocados por determinadas circunstâncias e que devem ser evitados, seja pelo pleno conhecimento de que são indesejáveis, seja, quando isto é possível, evitando as circunstâncias que os ocasionam.

Para dizer a verdade, o sentimento do pecado, longe de contribuir para uma vida afortunada, faz justamente o contrário. Torna o homem infeliz, fazendo-o sentir-se inferior. Por ser infeliz, é possível que se habitue a queixar-se excessivamente das outras pessoas, o que não lhe deixa desfrutar da felicidade nos relacionamentos pessoais. Ao sentir-se inferior, guardará ressentimentos contra aqueles que lhe parecem superiores. Encontrará dificuldades para admirar e sentirá inveja com facilidade. Logo se tornará uma pessoa desagradável em termos gerais e estará cada vez mais sozinho. Uma atitude expansiva e generosa para com os outros não só traz felicidade para eles, mas é também uma fonte de felicidade para seu possuidor, já que faz com que todos o apreciem. Mas essa atitude é praticamente impossível para o homem atormentado pelo sentimento de pecado. É consequência do autoequilíbrio e da autoconfiança; requer o que poderíamos chamar de integração mental, e, com isso, quero dizer que as várias instâncias da natureza humana — consciente, subconsciente e inconsciente — funcionam em harmonia e não estão empenhadas em perpétua batalha.

Na maior parte dos casos, podemos conquistar tal harmonia mediante uma educação adequada, mas quando a educação foi inadequada o processo se torna mais difícil. É o processo tentado pelos psicanalistas, mas acho que em muitos casos o paciente pode fazer sozinho o trabalho, que apenas nos casos mais extremos requer a ajuda de um especialista. Não devemos dizer: "Não tenho tempo para essas tarefas psicológicas; minha vida está muito ocupada com outros assuntos e tenho que deixar meu subconsciente com suas manias." Não existe nada tão prejudicial, não só para a felicidade, mas também para a eficiência, quanto uma personalidade dividida e em constante luta interna. O tempo dedicado a criar harmonia entre as diferentes partes da personalidade é um tempo bem-empregado.

Não estou dizendo que uma pessoa deve dedicar, por exemplo, uma hora diária para o autoexame. Em minha opinião, este não é o melhor método, já que aumenta a preocupação a respeito de si mesmo, o que faz parte da enfermidade a ser curada. Na verdade, uma personalidade harmoniosa projeta-se para o exterior. Minha sugestão é que cada um de nós decida com firmeza o que é aquilo em que acredita racionalmente e nunca permita que as crenças irracionais se aninhem sem resistência ou tomem conta de si, ainda que por pouco tempo. Isso é uma questão de autorreflexão necessária para esses momentos em que a tentação de comportar-se de forma pueril aparece; mas a autorreflexão, se for suficientemente enérgica, pode ser muito breve. Assim, o tempo dedicado a isso pode ser mínimo.

Existem muitas pessoas que não gostam da racionalidade e, para elas, o que estou dizendo parecerá irrelevante e sem importância. Pensam que a racionalidade, entregue a si própria, sufoca todas as emoções mais profundas. A meu ver, devemos esta crença a um conceito inteiramente errôneo sobre a função da razão na vida humana. Não cabe à razão gerar emoções, embora possa fazer parte de suas funções descobrirem maneiras de evitar tais emoções, por constituírem um obstáculo para o bem-estar. Não há dúvida de que uma das funções da psicologia racional consiste em encontrar maneiras de reduzir ao mínimo o ódio e a inveja. Mas é um erro supor que, ao fazê-lo, estamos reduzindo ao mesmo tempo a força das paixões que a razão não condena. No amor apaixonado, no carinho paternal, na amizade, na benevolência, na devoção à ciência ou à arte, nada há que a razão queira diminuir. O homem racional, quando sente alguma dessas emoções, ou todas elas, alegra-se pelo fato de senti-las e não faz nada para diminuir sua força, já que todas essas emoções fazem parte de uma vida boa, ou seja, da vida que busca felicidade para si e para os outros.

Em si, as paixões nada têm de irracional e muitas pessoas irracionais só sentem as paixões mais corriqueiras. Não há por que temer que, ao tornar-se racional, a vida venha a perder seu sabor.

Ao contrário, uma vez que o principal aspecto da racionalidade é a harmonia interior, o homem que a consegue é mais feliz com sua liberdade de contemplação do mundo e no emprego de suas energias para alcançar objetivos exteriores do que aquele que se acha mergulhado em conflitos íntimos. Nada há de mais aborrecido do que estar encerrado em si, nem de tão exuberante quanto ter a atenção e a energia voltadas para fora.

Nossa moral tradicional tem sido excessivamente egocêntrica e o conceito de pecado faz parte desse universo que concentra toda a atenção em si próprio. Àqueles que nunca experimentaram os estados de ânimo subjetivos, induzidos por esta moral defeituosa, a razão pode parecer-lhes desnecessária. Mas para aqueles que já contraíram uma vez a enfermidade, a razão é indispensável para a cura. E pode até acontecer que a enfermidade seja uma fase necessária para o desenvolvimento mental. Estou propenso a acreditar que o homem que supera tal tipo de enfermidade com a ajuda da razão alcança resultados melhores, em termos de evolução pessoal, do que aquele que nunca experimentou a enfermidade nem sua cura.

O ódio à razão, tão comum em nossa época, é devido em grande parte ao fato de que o funcionamento da razão não é concebido de modo suficientemente fundamental. O homem dividido e em luta interna busca excitação e distração; sente-se atraído pelas fortes paixões não por motivos sólidos, mas sim porque elas o afastam de si próprio e anulam a dolorosa necessidade de pensar. Para ele, toda paixão é uma forma de intoxicação e, como não é capaz de conceber a felicidade fundamental, parece-lhe que a única forma de aliviar a dor é a intoxicação. Este é um sintoma de uma doença muito arraigada. Quando esta enfermidade não existe, a maior felicidade deriva do completo domínio das próprias faculdades. Os mais intensos prazeres são experimentados nos momentos em que a mente está mais ativa e a memória, aguçada. De fato, esta é uma das melhores pedras de toque da felicidade. A felicidade que requer intoxicação, seja de que tipo for, é espúria e não satisfaz. A felicidade autenticamente satisfatória vem acompanhada do pleno exercício de nossas faculdades e da plena compreensão do mundo em que vivemos.

Capítulo VIII

Mania de perseguição

Em suas modalidades mais graves, a mania de perseguição é uma forma reconhecida de loucura. Algumas pessoas imaginam que outras querem matá-las, mandá-las para trás das grades ou causar-lhes qualquer outro tipo de dano. Quase sempre o desejo de protegerem-se contra os perseguidores imaginários leva-as a atos de violência, que geram a necessidade de restringir-lhes sua liberdade. Como muitas outras formas de loucura, esta não é mais que o paroxismo de uma tendência que não chega a ser infrequente em pessoas consideradas normais. Não pretendo falar sobre suas formas extremas, que são da alçada dos psiquiatras. Minha intenção é examinar suas formas mais amenas, porque, não raro, causam a infelicidade, e porque, como não chegam ao ponto de ocasionar no outro uma demência manifesta, esta própria pessoa pode resolver o problema, desde que esteja convencida de que diagnosticou corretamente seu transtorno e admita que a origem dele está em si própria e não na suposta hostilidade ou maldade dos outros.

Todos nós conhecemos esse tipo de pessoa, homem ou mulher, que, segundo suas próprias explicações, é vítima constante de ingratidões, maus-tratos e traições. Em geral, tais pessoas gozam de muita credibilidade e ganham a simpatia daqueles que não as conhecem há muito tempo. Em termos gerais, não há nada de inverossímil em cada história que contam. É verdade que às vezes ocorrem mesmo os maus-tratos de que se queixam. O que acaba despertando as suspeitas do ouvinte é a verdadeira multidão de pessoas ruins que o sofredor teve a desgraça de encontrar. Segundo a lei das probabilidades, as diferentes pessoas que vivem em determinada sociedade sofrerão, ao longo de sua vida, mais ou menos a mesma quantidade de maus-tratos. Se uma pessoa de certo ambiente declara ser vítima de um mau-trato universal, o mais provável é que a causa esteja nela própria e que, ou está imaginando afrontas, que na verdade não sofreu, ou se comporta inconscientemente de tal forma que provoca uma irritação incontrolável. Por isso, as pessoas experientes não conseguem acreditar naquelas que se dizem invariavelmente maltratadas pelo mundo e, alegando a falta de solidariedade deste, tentam confirmar sua opinião de que todos estão contra elas. Na realidade, trata-se de um problema difícil, porque se torna mais forte tanto com a compreensão alheia quanto com a falta dela.

A pessoa com tendências à mania de perseguição, quando percebe que o interlocutor está acreditando em uma de suas histórias de má sorte, enfeita-a até os limites da própria credibilidade. Em contrapartida, se pressente que não estão lhe dando crédito já passa a considerar isso mais um exemplo da maldade da humanidade para com ela. Esta doença só pode ser curada com compreensão e esta deve ser transmitida ao enfermo para que lhe sirva de remédio. Neste capítulo, proponho-me apenas sugerir algumas reflexões gerais que permitirão a cada indivíduo detectar em si os elementos da mania de perseguição — que, em maior ou menor grau, existe em quase todos nós —, para que, uma vez detectados, possam ser eliminados. Isso é um fator importante para a conquista da felicidade, já que é inteiramente impossível estarmos felizes se acharmos que todo mundo nos trata mal.

Uma das formas mais universais de irracionalidade é a atitude adotada por quase todo mundo em face da maledicência. Muito poucos resistem à tentação de dizer algo malicioso acerca de seus conhecidos e, às vezes, até dos amigos; mas quando uma pessoa toma conhecimento de que disseram algo contra ela, enche-se de assombro e indignação. Ao que parece, nunca ocorreu a pessoas assim que, da mesma forma como elas criticam os outros, estes fazem o mesmo em relação a elas. Esta é uma modalidade amena da atitude que, quando levada ao paroxismo, conduz igualmente à mania de perseguição. Esperamos que todo mundo sinta por nós esse terno amor e esse profundo respeito que nos devotamos. Não nos ocorre que não podemos esperar que os outros pensem de nós algo melhor do que nós pensamos a respeito deles, mas isso não passa por nossa cabeça, porque nossos próprios méritos são grandes e evidentes, enquanto os méritos alheios, se é que existem, só são visíveis para olhos bondosos.

Quando nos inteiramos de que determinada pessoa disse algo horrível a nosso respeito, lembramo-nos das 99 vezes em que nos abstivemos de expressar justas e merecidas críticas a seu respeito e nos esquecemos da centésima vez, quando, em um momento de fraqueza, declaramos o que considerávamos ser verdade sobre ela. "Então, é assim que ela me paga?", pensamos. Do ponto de vista da pessoa em questão, nossa conduta parece exatamente igual à dela. Ela não leva em conta as vezes em que nos calamos, apenas a centésima vez, quando efetivamente dissemos algo. Se tivéssemos todos o poder mágico de ler os pensamentos alheios, suponho que a primeira consequência seria o rompimento de quase todas as amizades. O segundo efeito seria excelente, porque um mundo sem amigos seria insuportável e teríamos a necessidade de apreciar os outros sem termos que ocultar, atrás de um véu de ilusão, que ninguém considera ninguém absolutamente perfeito. Sabemos que nossos amigos têm seus defeitos, mas que, em geral, são boas pessoas que gostam de nós. Não obstante, achamos intolerável que eles pensem o mesmo a nosso respeito. Queremos que pensem que nós, diferentemente do resto da humanidade, não temos defeitos. Quando nos vemos obrigados a admitir que os temos, levamos demasiadamente a sério um fato tão evidente. Ninguém deveria acreditar que é perfeito nem se preocupar demais com o fato de não o ser.

A mania de perseguição lança sempre suas raízes em uma concepção exagerada de nossos próprios méritos. Suponhamos que sou um autor teatral. Para toda pessoa imparcial, é preciso ficar evidente que sou o dramaturgo mais brilhante de nossa época. Mas, por alguma razão, minhas obras quase nunca são representadas e, quando isso acontece, não são bem-sucedidas. O que pode explicar essa estranha situação? É claro que empresários, atores e críticos estão em conluio contra mim por algum motivo. E tal motivo, naturalmente, é outro grande mérito meu: recusei-me a render homenagem aos tubarões do mundo teatral; não adulei os críticos; minhas obras contêm verdades que incomodam toda essa gente. E, assim, meus méritos transcendentais definham-se sem serem reconhecidos.

Temos também o caso do inventor que nunca conseguiu que alguém visse os méritos de seu invento. Para ele, os fabricantes seguem caminhos batidos e não querem saber de inovações, enquanto os poucos que acreditam no progresso têm sua própria equipe de inventores, os quais, por sua vez, barram a entrada dos gênios não autorizados; as associações científicas, por estranho que pareça, perderam os manuscritos que ele lhes enviou, ou os devolveram sem ler. E ainda por cima os indivíduos que poderiam ajudar mostram-se inexplicavelmente avessos à ideia. Como explicar tudo isso? Evidentemente, existe uma panelinha muito fechada que quer dividir entre si todos os benefícios que possa auferir com os inventos. Quem não pertencer a essa panelinha não tem condições de êxito.

Há também o caso do homem com motivos autênticos de queixa, baseados em fatos reais, mas que generaliza à luz de sua experiência e chega à conclusão de que suas desgraças constituem a chave do universo.

Digamos que ele tenha descoberto algum escândalo relacionado com o Serviço Secreto que interesse ao governo manter oculto. Não pode conseguir que tornem pública sua descoberta e as pessoas aparentemente mais influentes negam-se a mover qualquer palha para remediar o mal que o enche de indignação. Até aqui os fatos são como ele os conta. Mas as negativas lhe causaram tanta impressão que acaba acreditando que todos os poderosos estão ocupados exclusivamente em ocultar os delitos aos quais devem o fato de estarem no poder. As pessoas desse tipo são especialmente obstinadas, porque seu ponto de vista tem sua parte de verdade, mas, como é natural, o que as afetou pessoalmente causou-lhes mais impressão que outras questões, bem mais numerosas, das quais não tiveram experiência direta. Isso lhes dá um sentido errôneo da proporção e faz com que deem excessiva importância a fatos possivelmente excepcionais e não típicos.

Outra vítima frequente da mania de perseguição é um certo tipo de filantropo que está sempre fazendo o bem às pessoas, contra a vontade delas, e que fica horrorizado quando estas não lhe mostram gratidão. Nossos motivos para fazer o bem raras vezes são tão puros quanto imaginamos. A ânsia pelo poder é insidiosa, possui muitos disfarces e, em geral, é esta a fonte do prazer que obtemos ao fazer aquilo que julgamos ser o bem para os outros. Mas há um outro elemento relativamente comum. Em geral, "fazer o bem" às pessoas consiste em privá-las de algum prazer: a bebida, o jogo, a ociosidade ou qualquer outra coisa do gênero. Neste caso, há um elemento que é típico de grande parte da moral social: a inveja que sentimos daqueles que se acham em condições de cometer pecados, que evitamos apenas para conservar o respeito de nossos amigos. Aqueles que votam, por exemplo, a favor da proibição de fumar — leis como essa existem ou existiram em vários estados dos Estados Unidos — são evidentemente não fumantes para os quais o prazer que outros obtêm do tabaco é uma fonte de dor. Se esperam que os fumantes inveterados formem uma comissão para agradecer-lhes por emancipá-los de tão odioso vício, é possível que fiquem decepcionados. E então começam a pensar que dedicaram sua vida ao bem comum e que aqueles que mais motivos teriam para lhes ser gratos por suas atividades benéficas parecem não ter a menor ideia disso.

Antes, esse mesmo tipo de atitude podia ser observado no tratamento das senhoras para com suas criadas, cuja moralidade procuravam proteger. Mas hoje o problema do serviço doméstico se acentuou de tal forma que essa benevolência para com as criadas se tornou menos comum.

Nos altos escalões da política acontece algo muito parecido. O estadista que foi pouco a pouco concentrando todo o poder em sua pessoa para ter condições de realizar os nobres e elevados propósitos que o fizeram renunciar ao conforto e entrar na arena da vida pública fica assombrado com a ingratidão das pessoas quando estas se voltam contra ele. Nunca lhe ocorre pensar que seu esforço pode ter algum outro motivo fora do interesse público ou que o prazer de tudo controlar inspira em alguma medida suas atividades. Pouco a pouco, parece-lhe que as frases habituais dos discursos ou da imprensa do partido expressam verdades e ele confunde retórica partidária com uma autêntica análise dos motivos. Desgostoso e desiludido, retira-se do mundo, depois que o próprio mundo o abandonou, e lamenta haver tentado uma tarefa tão ingrata como a busca do bem-estar público.

Tais exemplos me sugerem quatro máximas gerais, que poderão servir de poderoso preventivo contra a mania de perseguição, desde que admitamos sua veracidade. Primeira: lembre que seus motivos não são sempre tão altruístas quanto lhe parecem. Segunda: não superestime seus próprios méritos. Terceira: não espere que os outros se interessem por você tanto quanto você se interessa por si mesmo. Quarta: não creia que as pessoas pensem tanto em você a ponto de terem um interesse especial em persegui-lo. Tenho algumas palavras para cada uma dessas máximas.

Desconfiar de nossos próprios motivos é especialmente necessário para filantropos e executivos. Estas pessoas têm uma visão de como deveria ser o mundo, ou uma parte do mundo, e sentem, ora com razão, ora sem ela, que, ao tornar realidade sua visão, estão beneficiando a humanidade ou, ao menos, uma parte dela. Não percebem que cada um dos indivíduos afetados por suas atividades têm tanto direito quanto eles a ter sua própria opinião sobre o tipo de mundo que deseja. Os executivos estão completamente seguros de que sua visão é acertada e de que toda opinião contrária é errônea. Mas sua certeza subjetiva não traz nenhuma prova de veracidade objetiva. Na verdade, a convicção deles é quase sempre uma mera camuflagem para o prazer que sentem ao contemplar as mudanças que promoveram. E, além da ânsia pelo poder, existe outro motivo, a vaidade, que nesses casos atua com muita força.

O altamente generoso idealista que se apresenta ao Parlamento — e nisto falo por experiência própria — fica assombrado com o cinismo do eleitorado, quando este supõe que o candidato deseja apenas ter a honra de escrever "membro do Parlamento" sob seu nome. Terminada a campanha, com mais tempo para pensar, ocorre-lhe que, no fim das contas, esses eleitores cínicos podiam estar certos.

O idealismo assume estranhos disfarces por motivos muito simples e, por isso, não chega a cair mal em nossos homens públicos uma certa dose de cinismo realista. A moral convencional impinge um grau de altruísmo que não está ao alcance da condição humana — e aqueles que se acham orgulhosos da própria virtude não raro imaginam que alcançaram esse ideal inatingível. A grande maioria das ações humanas, incluindo as ações das pessoas mais nobres, ocorre por motivos egoístas — e isso não devemos lamentar, pois, se assim não fosse, a espécie humana teria perecido. Um homem que dedicasse todo seu tempo procurando fazer com que os outros se alimentassem, esquecendo-se ele próprio de comer, morreria. Claro que poderia comer só o suficiente para recobrar as forças necessárias para lançar-se de novo ao combate contra o mal, mas é duvidoso que o alimento, consumido dessa forma, fosse adequadamente digerido, já que não estimularia de forma desejável o fluxo da saliva. Portanto, é preferível que o homem coma, porque desfruta da comida, a se dispor a dedicar algum tempo a comer, inspirado exclusivamente por seu interesse pelo bem comum.

O que estou dizendo sobre a comida pode ser dito a respeito de tudo o mais. Aquilo que precisamos fazer só poderá ser realizado corretamente com a ajuda de certo entusiasmo, e é difícil haver entusiasmo sem algum motivo pessoal. Desse ponto de vista, teríamos que incluir entre os motivos pessoais os que dizem respeito às pessoas biologicamente aparentadas, como o impulso de defender a mulher e os filhos contra os inimigos. Este grau de altruísmo faz parte da condição humana normal, mas o grau inculcado pela ética convencional, não — e muito raramente chegamos de fato a alcançá-lo. Portanto, as pessoas que desejam ter uma alta opinião de sua própria excelência moral precisam persuadir a si próprias de que atingiram um grau de abnegação que é muito improvável alcançar. É precisamente aqui que o esforço por ascender à santidade relaciona-se com o autoengano, um tipo de erro que facilmente conduz à mania de perseguição.

A segunda de nossas quatro máximas, a que diz que não devemos superestimar nossos próprios méritos, já foi aqui comentada anteriormente, no tocante às questões morais. Mas tampouco devemos superestimar outros méritos que não são do tipo moral. O dramaturgo cujas obras nunca obtêm êxito deveria examinar com calma a hipótese de suas obras serem ruins. Não deveria rejeitar essa hipótese de antemão, como algo evidentemente insustentável. Se descobre que ela se acha de acordo com os fatos, deveria aceitá-los, como o fazem os filósofos indutivos. É verdade que a história tem muitos exemplos de mérito não reconhecido, mas, de qualquer forma, são muito menos numerosos que os casos de mediocridade reconhecida. Se determinado homem é um gênio que sua época não parece disposta a reconhecer, fará bem se persistir em seu caminho a despeito disso. Mas se é uma pessoa sem talento, inchada de vaidade, fará bem se não persistir. Não há como saber a qual dessas duas categorias pertence alguém, quando lhe domina o impulso de criar obras-primas desconhecidas. Se o leitor pertence à primeira categoria, sua persistência é heroica; se pertence à segunda, ridícula. Só depois de cem anos de morto será possível sabermos a que categoria pertencia.

Enquanto isso, se você suspeita de que é um gênio contra a opinião de seus próprios amigos, existe uma prova que talvez não seja infalível e que consiste no seguinte: você produz porque sente a necessidade urgente de expressar certas ideias, ou sentimentos, ou o faz motivado pelo desejo de aplauso? No artista autêntico, o desejo de aplauso, embora costume existir e seja muito forte, é no entanto secundário, no sentido de que o artista deseja criar certo tipo de obra e tem a esperança de que ela seja aplaudida, mas não mudará seu estilo ainda que não obtenha nenhum aplauso. Em troca, o homem cujo motivo primário é o desejo de aplauso carece de uma força interior que o leve a um modo particular de expressão e até poderia fazer um tipo de trabalho inteiramente diferente. Este tipo de homem, se não consegue que prestem homenagem a sua arte, faria melhor se renunciasse a ela. E, falando em termos gerais, qualquer que seja sua atividade na vida, se você descobrir que os outros não valorizam suas qualidades da mesma forma como você o faz, não fique tão seguro de que eles é que estão enganados. Se você pensa assim, pode acabar acreditando que existe uma conspiração para impedir o reconhecimento de seus méritos, e alimentar pensamentos dessa natureza só lhe trará infortúnio. Reconhecer que nossos méritos não são tão grandes quanto o julgávamos pode ser doloroso no primeiro momento, mas é uma dor que passa e, depois, voltarmos a ser felizes é perfeitamente possível.

Nossa terceira máxima dizia que não devemos esperar muito dos outros. Nos velhos tempos, as senhoras inválidas achavam que ao menos uma de suas filhas se sacrificaria totalmente para assumir as tarefas como sua enfermeira, chegando inclusive a renunciar ao casamento. Isso é esperar do outro um grau de altruísmo contrário à razão, já que o altruísta perde mais do que ganha o egoísta. Em nossos relacionamentos com outras pessoas e, em especial, com as mais próximas e queridas, é importante, embora às vezes difícil, recordar que elas veem a vida a partir de seu próprio ponto de vista e segundo as impressões de seu próprio ego. Não devemos esperar que nenhuma pessoa altere o curso principal de sua vida em benefício de outra. Em algumas ocasiões pode existir um amor tão forte que até os maiores sacrifícios se mostrem naturais, mas, caso não sejam, ninguém é obrigado a fazê-los e ninguém deveria ser condenado por isso. Não raro, a conduta alheia que nos incomoda não é mais que uma saudável reação do egoísmo natural contra a voraz astúcia de uma pessoa, cujo ego se lança para além dos limites corretos.

A quarta máxima, se o leitor ainda está lembrado, afirma que devemos nos convencer de que os outros perdem muito menos tempo pensando em nós do que julgamos. O louco, que sofre de mania de perseguição, imagina que todas as pessoas, que na verdade têm suas próprias ocupações e interesses, passam a manhã, a tarde e a noite empenhados em maquinar maldades contra o pobre lunático. De maneira semelhante, o indivíduo relativamente equilibrado, que sofre de mania de perseguição, vê em todo tipo de atos uma referência a sua pessoa que realmente não existe. Sem dúvida, essa ideia afaga sua vaidade. Se fosse um homem realmente grande, poderia ser verdade. Durante muitos anos, os atos do governo britânico tiveram como principal objetivo desbaratar Napoleão. Mas, quando uma pessoa sem qualquer importância especial imagina que os outros não passam um minuto sem pensar nelas, isso significa que já entrou no caminho da loucura.

Digamos que o leitor pronuncie um discurso num banquete público. Nos jornais do dia seguinte aparecem fotos de outros oradores, mas nenhuma sua. Como se explica isso? Evidentemente não é porque os outros oradores sejam considerados mais importantes; o motivo só pode residir no fato de que os donos dos jornais deram ordens para que você não aparecesse. E por que teriam ordenado isso? Evidentemente porque o temem, por causa de sua grande importância. Assim, a omissão de sua fotografia deixa de ser algo negativo para transformar-se num sutil elogio. Todavia, esse tipo de autoengano não pode dar origem a uma felicidade sólida. No fundo de sua mente, você sempre saberá que os fatos ocorreram de outra forma e, para manter esse conhecimento o mais oculto possível, terá que inventar hipóteses cada vez mais fantásticas. Chegará o momento em que o esforço para acreditar nelas será grande demais. E como, além disso, trazem implícita a convicção de que você é vítima da hostilidade geral, a única maneira de proteger sua autoestima será produzindo a dolorosa sensação de que você está brigado com o mundo. As satisfações baseadas no autoengano nunca são sólidas e, por mais desagradável que seja a verdade, é melhor enfrentá-la de uma vez por todas, acostumar-se com ela e dedicar-se a construir sua vida de acordo com ela.

Capítulo IX

Medo da opinião pública

Muita gente pode ser feliz sem que seu modo de vida e sua visão do mundo sejam aprovados, em termos gerais, pelas pessoas de seu círculo social e, particularmente, por aquelas com quem vive. Uma peculiaridade das comunidades modernas é que estão divididas em setores muito diferentes entre si, no que diz respeito a questões de moral e de crenças. Isso começou com a Reforma, ou talvez com o Renascimento, e veio se acentuando desde então. Havia protestantes e católicos que tinham diferenças não apenas em questões de teologia, mas também em muitas situações de ordem prática. Havia aristocratas que se permitiam atitudes que não eram toleradas entre a burguesia. Depois, houve libertários e livres-pensadores que não aceitavam a imposição de um culto religioso.

Em nossos tempos — e em todo o âmbito do continente europeu — existe uma profunda divisão entre socialistas e não socialistas, que não só afeta a política, como também quase todos os aspectos da vida. Nos países de fala inglesa, as divisões são numerosíssimas. Em alguns setores a arte é admirada e em outros, considerada diabólica, sobretudo se for moderna. Em certos setores, a devoção ao império é a virtude suprema, em outros é considerada um vício, se não uma estupidez. Para as pessoas convencionais, o adultério é um dos piores delitos, mas grandes fatias da população o consideram desculpável e até positivamente elogiável. O divórcio é terminantemente proibido para os católicos, enquanto a maioria dos não católicos o consideram um alívio necessário do casamento.

Devido a todas essas diferenças de critério, uma pessoa com certos gostos e convicções pode se ver rechaçada como um pária se estiver vivendo em determinado ambiente, ao passo que em outro seria tida como um ser humano perfeitamente normal. Daí se origina uma grande quantidade de infelicidade, sobretudo entre os jovens. Um menino ou uma menina percebe de alguma forma as ideias que estão no ar, mas esbarra no problema de que tais ideias são proibidas no meio particular em que vive. Não podemos evitar que os jovens acreditem que o único ambiente com o qual estão familiarizados seja representativo do mundo inteiro. Custa-lhes admitir que, em outro lugar ou ambiente, as opiniões que eles não se atrevem a expressar com medo de serem considerados perversos seriam aceitas como coisa normal da época. E desse modo, por ignorância do mundo, sofrem a desnecessária desventura, às vezes apenas na juventude, outras durante toda a vida. Além de ser uma fonte de dor, tal isolamento provoca um imenso desgaste de energia na desnecessária tarefa de mantermos a independência mental em face de um ambiente hostil e, em 99% dos casos, ocasiona certa dificuldade em seguirmos as ideias até suas conclusões lógicas.

As irmãs Brontë nunca conheceram ninguém que combinasse com elas até depois de publicarem seus livros. Isso não afetou Emily, que tinha um temperamento heroico e veemente, mas afetou Charlotte, que, apesar de seu talento, sempre conservou uma atitude muito parecida com a de uma professora primária. Blake, como Emily Brontë, viveu num isolamento mental extremo, porém, assim como ela, possuía grandeza suficiente para superar seus maus efeitos, já que nunca duvidou de que tinha razão contra todos os seus críticos. Sua atitude para com a opinião pública está expressa nestes versos:

O único homem que conheci
que não me fazia quase vomitar
foi Fuseli: metade turco, metade judeu.
Portanto, queridos amigos cristãos, como vão vocês?

No entanto, não há muitas pessoas cuja vida interior tenha esse grau de força. Quase todo mundo necessita de um ambiente amistoso para ser feliz. A maioria, naturalmente, encontra-se a gosto no ambiente em que lhe coube viver. Assimila, desde a juventude, os preconceitos mais usuais e adapta-se instintivamente a crenças e costumes que encontra a seu redor. Mas para uma grande minoria, que inclui praticamente todos os que têm algum mérito intelectual ou artístico, essa atitude de concordância é impossível. Uma pessoa nascida, por exemplo, em uma pequena aldeia rural, se achará desde a infância cercada de hostilidade contra tudo o que é necessário para o desenvolvimento mental. Se tem vontade de ler livros sérios, os outros meninos se afastarão dela e seus professores dirão que tais obras podem transtorná-la. Se mostra interesse pela arte, seus mais próximos a terão na conta de efeminada, enquanto os adultos dirão que isso é imoral. Se deseja seguir uma profissão, por mais respeitável que seja, embora inédita no círculo a que pertence, lançam-lhe a pecha de presunçosa, incitando-a a imitar seu pai, que se deu tão bem em sua própria profissão. Se mostra alguma inclinação para criticar as crenças religiosas ou as opiniões políticas dos pais, é provável que arranje sarna para se coçar.

Devido a todas essas razões, a adolescência é uma época de grande infelicidade para quase todos os meninos e meninas com talentos excepcionais. Para seus companheiros mais vulgares pode ser uma época de alegria e diversão, mas eles querem algo mais sério, que não podem encontrar entre os adultos nem entre os contemporâneos do ambiente social concreto em que o acaso os fez nascer.

Quando esses jovens vão para a universidade, é bem possível que encontrem almas gêmeas e desfrutem de alguns anos de pura felicidade. Se tiverem sorte, ao sair da universidade poderão achar algum tipo de trabalho que continue oferecendo a eles a oportunidade de escolherem amigos com gostos similares. Um homem inteligente que viva numa cidade grande como Londres ou Nova York quase sempre encontra um ambiente que combine com ele, no qual não se veja obrigado a se reprimir nem a se comportar com hipocrisia. Mas se seu trabalho o obrigar a morar num lugar pequeno e, sobretudo, se entender que precisa ganhar o respeito das pessoas comuns, como costuma acontecer com médicos e advogados, poderá sentir-se obrigado durante quase toda a sua vida a esconder seus verdadeiros gostos e convicções da maioria daqueles com quem se relaciona ao longo do dia.

Isso acontece muito nos Estados Unidos, devido à grande extensão do país. Nos mais improváveis lugares, ao norte, ao sul, a leste e a oeste, encontram-se indivíduos solitários que sabem, graças aos livros, que existem lugares em que não estariam sozinhos, nos quais não têm nenhuma oportunidade de viver, e que só muito de vez em quando é que podem conversar com pessoas que pensem como eles. Em tais circunstâncias, a autêntica felicidade é impossível para os que não são feitos de uma massa tão extraordinária, como a de Blake e de Emily Brontë. Se isso é o que desejamos conseguir, será preciso encontrarmos alguma forma de reduzir ou eludir a tirania da opinião pública — e que permita aos membros da minoria inteligente conhecerem-se uns aos outros e desfrutar da companhia mútua.

Em muitos casos, uma injustificada timidez agrava o problema mais do que o necessário. A opinião pública é sempre mais tirânica com aqueles que a temem do que com os que se mostram indiferentes a ela. Os cães latem mais alto e estão mais dispostos a morder as pessoas que têm medo deles do que aquelas que os tratam com desdém, e, nesse aspecto, o rebanho humano se parece muito com eles. Se as pessoas percebem que você tem medo delas, anteveem uma bela caçada, mas, se você se mostrar indiferente, começam logo a duvidar de sua própria força e por isso tendem a deixá-lo em paz.

Não estou falando das formas extremas de dissidência. Se defender em Kensington ideias apenas convencionais na Rússia, ou vice-versa, você terá de ater-se às consequências. Não estou pensando nesses casos extremos, mas em rupturas muito mais suaves com o convencional, como não se vestir corretamente, pertencer a determinada igreja ou abster-se de ler livros inteligentes.

Estas saídas do convencional, se são feitas com alegria e sem que lhes seja dada maior importância, não de maneira provocadora, mas com espontaneidade, acabam sendo toleradas até mesmo nas sociedades ultraconvencionais. Pouco a pouco, você pode ir adquirindo a posição de lunático respeitado, uma pessoa a quem perdoam as coisas que consideraríamos imperdoáveis em outras. Em grande medida, é questão de simpatia e bom caráter. As pessoas convencionais ficam furiosas com aquilo que se afasta da norma, principalmente porque julgam tais desvios uma crítica contra elas, mas perdoarão muitas excentricidades a quem se mostre tão simpático e amistoso que deixe claro, até para os mais idiotas, que não tem a intenção de criticá-las.

Este método de escapar à censura é impossível para muitos, cujos gostos e opiniões atraem a antipatia do rebanho. Sua falta de simpatia leva-os a sentirem-se mal e a adotarem uma atitude belicosa, embora guardem as aparências e evitem temas espinhosos. E assim as pessoas que não se acham em harmonia com as convenções de seu ambiente tendem a ser irritáveis, difíceis de contentar e costumam não ter um bom humor expansivo. Essas mesmas pessoas, levadas para outro ambiente onde seus pontos de vista não são considerados coisa rara, mudariam da água para o vinho em termos de caráter. Deixariam de ser sérias, tímidas e reservadas e passariam a ser alegres e seguras de si; deixariam de ser ásperas, tornando-se calmas e de trato agradável; deixariam de viver centradas em si para se transformarem em sociáveis e extrovertidas.

Assim, sempre que fosse possível, os jovens que não se encontram em harmonia com seu ambiente deveriam procurar escolher uma profissão que lhes desse a oportunidade de encontrar companhia semelhante a eles, ainda que isso implicasse um salário menor no fim do mês. Não raro nem mesmo sabem que isso é possível, porque seu conhecimento do mundo é muito limitado, e é provável que pensem que os preconceitos habituais em sua casa são universais.

Esta é uma questão em que os mais velhos poderiam ajudar os jovens, já que para isso é imprescindível ter muita experiência da humanidade.

Nesta época de psicanálise, é comum acreditarmos que, se um jovem não se encontra em harmonia com seu ambiente, isso se deve a algum transtorno de fundo psicológico. A meu ver, é um erro pensar dessa forma. Digamos, para dar um exemplo, que os pais de um jovem tenham para si que a teoria da evolução é abominável. Em um caso como esse, só é preciso a inteligência para entrar em desacordo com eles. Não estar em harmonia com o próprio ambiente é uma desgraça, concordo, mas não é sempre que uma desgraça precisa ser evitada a todo custo. Quando o ambiente é estúpido, cheio de preconceitos ou cruel, não estarmos em harmonia com ele é um mérito. E tais características se dão, em certa medida, em quase todos os ambientes. Galileu e Kepler tinham "ideias perigosas", como se diz no Japão, e o mesmo ocorre com os homens mais inteligentes de nosso tempo. Não convém que o sentido social esteja tão desenvolvido que faça com que homens assim temam a hostilidade social que suas opiniões poderiam provocar. O ideal é encontrar formas de conseguir que essa hostilidade seja a mais leve e ineficaz possível.

No mundo moderno, a parte mais importante desse problema surge na juventude. Se um homem já está exercendo a profissão adequada num ambiente propício, na maioria dos casos conseguirá escapar da perseguição social, mas, enquanto for jovem e não tiver ainda demonstrado seus méritos, correrá o risco de estar à mercê de ignorantes que se consideram capazes de julgar assuntos que desconhecem completamente e que se escandalizam se insinuarmos que uma pessoa tão jovem pode saber mais do que eles, apesar de toda sua experiência do mundo. Muitas pessoas que conseguiram escapar da tirania da ignorância precisaram lutar tanto e durante tanto tempo contra a repressão que no fim acabaram amarguradas e com a energia debilitada. Ouvimos, com bastante frequência, a ideia de que o gênio sempre consegue abrir caminho. Baseando-se nesta doutrina, muitas pessoas acham que a perseguição ao talento juvenil não pode causar maior dano. Só que não existe qualquer motivo para aceitar essa ideia. É como a teoria de que sempre acabamos descobrindo o assassino. Evidentemente, todos os assassinos que conhecemos foram descobertos, mas quem pode calcular o número daqueles sobre os quais nada sabemos? Da mesma forma, todos os homens de gênio de que já ouvimos falar triunfaram sobre as circunstâncias adversas, mas não há razão para supormos que não tenham existido diversos outros gênios malogrados durante a juventude. Além disso, não é apenas uma questão de gênio, mas também de talento, o que é igualmente necessário para a comunidade. E não é apenas uma questão de vir à tona do modo que vier, e sim de vir à tona sem ficar amargurado e sem energias. Por todos esses motivos, não convém tornar muito difícil o caminho dos jovens.

Embora seja desejável que os mais velhos mostrem respeito pelos desejos dos jovens, não é desejável que os jovens mostrem respeito pelos desejos dos velhos. Por uma razão muito simples: porque se trata da vida dos jovens, não da vida dos velhos. Quando os jovens tentam regular a vida dos mais velhos, como, por exemplo, ao se oporem a que um pai viúvo se case novamente, incorrem no mesmo erro dos velhos que tentam regular a vida dos jovens. Velhos e jovens, depois de alcançada a idade da razão, têm igual direito de decidir por si e, se for o caso, de cometer seus próprios equívocos. Não devemos aconselhar os jovens a cederem às pressões dos mais velhos em assuntos vitais. Suponhamos que o leitor seja um jovem que deseja dedicar-se ao teatro e que seus pais se oponham a isso, seja porque julguem o teatro imoral, seja porque tal profissão lhes pareça inferior. Podem fazer todo tipo de pressão: ameaçá-lo com a expulsão de casa se desobedecer a suas ordens; dizer que ele se arrependerá depois de alguns anos; expor toda uma fileira de casos terríveis de jovens que fizeram o mesmo e se deram mal. E, naturalmente, pode ser que tenham razão ao pensar que o teatro não é a profissão adequada para você; é possível que você não tenha talento para representar ou sua voz seja ruim. Mas, se for assim, você não levará muito tempo para descobrir isso — porque as próprias pessoas do teatro não lhe esconderão esse fato — e ainda terá tempo de procurar uma profissão diferente. Os argumentos dos pais não devem constituir motivo suficiente para renunciar à tentativa. Se, apesar de tudo o que possam dizer, você levar a cabo suas intenções, eles não tardarão em ceder, bem antes do que você ou eles próprios supõem. Tal quadro só deve mudar de figura se a própria opinião dos profissionais for desfavorável, porque os principiantes devem sempre respeitar a opinião dos profissionais.

Creio que, em geral, deixando de lado a opinião dos especialistas, damos demasiada importância à opinião dos outros, tanto em assuntos cruciais como em assuntos de pequena monta. A regra básica é que uma pessoa deve respeitar a opinião pública apenas o suficiente para não morrer de fome nem ir para a cadeia. Tudo o que passar desse ponto significa submeter-se voluntariamente a uma tirania desnecessária, e, possivelmente, é isso que acaba interferindo na própria felicidade.

Examinemos, por exemplo, a questão de como as pessoas gastam seu dinheiro. Elas o gastam naquilo que não satisfaz seus gostos pessoais, simplesmente porque acreditam que o respeito dos vizinhos depende de terem carro ou de abrirem suas residências para jantares. Na verdade, um homem que possa claramente comprar um carro, mas que prefira gastar o dinheiro em viagens ou numa boa biblioteca, acabará sendo muito mais respeitado do que se houvesse feito exatamente como todos os outros. Não há sentido em zombar deliberadamente da opinião pública; isso é admitir seu domínio, ainda que às avessas. Mas ser autenticamente indiferente a ela é uma força e uma fonte de felicidade. E uma sociedade de homens e mulheres que não se submetam demasiadamente aos convencionalismos é mais interessante do que uma sociedade em que todos se comportam da mesma maneira.

Quando o caráter de cada pessoa se desenvolve individualmente, conservam-se as diferenças entre tipos e vale a pena conhecer gente nova, porque não são meras cópias das pessoas que já conhecemos. Esta foi uma das vantagens da aristocracia, por permitir aos nobres de nascença uma conduta errática. No mundo moderno estamos perdendo essa fonte de liberdade social, e, por isso mesmo, impõe-se a necessidade de pensar mais nos perigos da uniformidade. Não quero dizer que a pessoa tenha que ser intencionalmente excêntrica, porque isso é tão pouco interessante quanto ser convencional. O que estou dizendo é que a pessoa precisa ser natural e seguir suas inclinações espontâneas, sempre que não se mostrem claramente antissociais.

No mundo moderno, devido à rapidez dos transportes, dependemos menos do que antes dos vizinhos mais próximos. Aqueles que possuem carro podem considerar vizinho qualquer pessoa que more a menos de trinta quilômetros. Têm, por isso mesmo, muito mais possibilidades de escolher companhia do que antigamente. Em qualquer região populosa, só com muita má sorte não se conhecem almas afins num raio de trinta quilômetros. A ideia de que devemos conhecer os vizinhos mais próximos se extinguiu nos grandes centros urbanos, mas ainda existe em pequenos povoados e no campo. Agora é uma tolice, porque já não existe necessidade de depender dos vizinhos para se ter vida social. Torna-se cada vez mais fácil escolher nossas companhias em função da afinidade — e não em função da mera proximidade. A felicidade parece mais fácil quando o relacionamento acontece entre pessoas de gostos e opiniões semelhantes. Esperamos que as relações sociais se desenvolvam cada vez mais nessa linha e confiamos em que, deste modo, se reduza pouco a pouco, até quase desaparecer, a solidão que aflige atualmente tanta gente não convencional. Indubitavelmente, isso aumentará nossa felicidade, mas também, é claro, reduzirá o prazer sádico que os convencionais experimentam agora, tendo os excêntricos a sua mercê. No entanto, não acredito que seja um prazer que nos interesse muito preservar.

O medo da opinião pública, como qualquer outro tipo de medo, é opressivo e atrapalha o desenvolvimento. Enquanto essa forma de medo possuir força, será difícil conseguirmos algo verdadeiramente importante — e será impossível adquirirmos essa liberdade de espírito em que consiste a verdadeira felicidade, porque para sermos felizes é imprescindível que nossa maneira de viver se baseie em nossos próprios impulsos íntimos e não nos gostos e desejos acidentais dos vizinhos e familiares com que o acaso nos brindou.

Não há dúvida de que o medo dos vizinhos mais próximos é muito menor agora do que antes, mas atualmente existe um outro tipo de medo, o medo do que os jornais possam dizer, que é tão terrível quanto aqueles relacionados com a caça às bruxas medieval. Quando os jornais resolvem transformar uma pessoa inofensiva em bode expiatório, os resultados podem ser da pior espécie. Por sorte, a maioria das pessoas se livra desse destino por ser desconhecida, mas, à medida que a publicidade for aperfeiçoando seus métodos, aumentará o perigo dessa nova forma de perseguição social. É uma questão muito grave para ser tratada com leviandade quando alguém é a vítima. Seja qual for nosso pensamento acerca do nobre princípio da liberdade de imprensa, creio que devemos traçar uma linha, mais nítida do que aquela que estabelecem as atuais leis sobre difamação, que realmente abrangesse tudo que é insuportável à vida de indivíduos inocentes, mesmo os que tenham dito ou feito algo que, publicado maliciosamente, possa desprestigiá-los. Não obstante, o único remédio definitivo para este mal é uma maior tolerância por parte do público. A melhor maneira de aumentarmos a tolerância consiste em multiplicar o número de indivíduos que gozam de autêntica felicidade e, por isso mesmo, não encontram seu prazer causando dor ao próximo.

SEGUNDA PARTE
CAUSAS DA FELICIDADE

Capítulo X

A felicidade ainda é possível?

Em toda a primeira parte deste livro falei praticamente do homem infeliz. Passarei agora à tarefa mais agradável de examinar o homem feliz. As conversas e os livros de alguns amigos meus quase me fizeram chegar à conclusão de que a infelicidade no mundo moderno já é fato consumado. Comprovei, no entanto, que essa opinião tende a perder sua força e a se desintegrar com o exercício da introspecção, as viagens ao exterior e as conversas com meu jardineiro. Já mencionei mais atrás a infelicidade de meus amigos literatos. Agora, me proponho olhar mais de perto as pessoas felizes que conheci ao longo da vida.

Existem dois tipos de felicidade, embora, naturalmente, haja graus intermediários. Os dois tipos a que me refiro poderiam chamar-se normal ou fantasista, animal ou espiritual, do coração ou da cabeça. A designação que venhamos a escolher entre tais alternativas depende do que quisermos demonstrar. No momento, não pretendo demonstrar nenhuma, mas apenas descrever. Possivelmente, o modo mais simples de mostrar as diferenças entre esses dois tipos de felicidade é dizer que um deles se acha ao alcance de qualquer ser humano e que o outro só pode ser atingido por aqueles que sabem ler e escrever.

Em criança conheci um homem imensamente feliz, cujo trabalho consistia em cavar poços. Era muito alto e tinha uma musculatura incrível. Não sabia ler nem escrever. Quando, em 1885, teve que votar para o Parlamento, soube pela primeira vez na vida que existia tal instituição. Sua felicidade não dependia de fontes intelectuais: não se baseava na crença de uma lei natural, na ideia do aperfeiçoamento sem limites da espécie, na propriedade comum dos meios de produção, no triunfo definitivo dos Adventistas do Sétimo Dia, em suma, em nenhum dos outros credos que os intelectuais julgam necessários para desfrutar da vida. Baseava-se no vigor físico, em ter sempre trabalho e em superar obstáculos não insuperáveis na forma de rocha. A felicidade de meu jardineiro é do mesmo tipo. Está empenhado numa guerra constante contra os coelhos, para os quais reserva as mesmas palavras com que os agentes da Scotland Yard se referem aos comunistas. Considera-os sinistros, intrigantes e ferozes, e acha que só se pode combatê-los usando uma astúcia igual à deles.

Como os heróis dos mitos nórdicos, que passavam o dia inteiro empenhados na caça de um javali que matavam à noite, mas que, milagrosamente, renascia a cada manhã, meu jardineiro pode matar seu inimigo um dia sem o menor temor de que esse tenha desaparecido no dia seguinte. Embora esteja hoje com setenta e tantos anos, trabalha o dia inteiro e pedala 25 quilômetros em sua bicicleta entre a casa e o trabalho, mas sua fonte de alegria é inesgotável e são "esses tais coelhos" que lhe proporcionam isso.

Dirá o leitor que esses prazeres tão simples não se acham ao alcance de pessoas superiores como nós. Que satisfação podemos colher de uma declaração de guerra a criaturas tão sem importância como os coelhos? Tenho para mim que este não é um bom argumento. Um coelho é muito maior que um bacilo da febre amarela e, no entanto, uma pessoa superior pode encontrar a felicidade na guerra contra este último. Há prazeres exatamente semelhantes aos de meu jardineiro em termos de conteúdo emocional — e naturalmente estão ao alcance das pessoas cultas. A diferença marcada pela educação só é percebida nas atividades que permitem obter tais prazeres. O prazer de conseguir algo implica a necessidade de existirem no início dificuldades que nos levem a duvidar da vitória, embora no final quase sempre a alcancemos. Talvez seja esta a principal razão para que uma confiança não excessiva em nossas próprias faculdades seja uma fonte de felicidade. O homem que se subestima é sempre surpreendido por seus êxitos, ao passo que o homem que se superestima não chega a entender muito bem seus fracassos. O primeiro tipo de surpresa é agradável, o segundo, desagradável. Assim, o mais prudente é não sermos excessivamente presumidos, tampouco demasiadamente modestos a ponto de não ousarmos.

Entre os setores mais cultos da sociedade, o mais feliz em nossos tempos é o dos homens de ciência. Destes, diversos dos mais eminentes vivem em um plano emocional bem simples e, como seu trabalho lhes propicia uma satisfação profunda, são capazes de encontrar prazer na comida e até no casamento. Os artistas e os literatos consideram indispensável ser infelizes no casamento, mas os homens de ciência, com bastante frequência, continuam sendo capazes de gozar a antiquada felicidade doméstica. A razão para isso é que os componentes superiores de sua inteligência estão inteiramente absortos no trabalho e não conseguem imiscuir-se em regiões onde não têm o que fazer.

São felizes em seu trabalho porque a ciência do mundo moderno é progressista e poderosa e porque ninguém duvida de sua importância — nem eles nem os leigos. Consequentemente, não precisam de emoções complexas, já que às emoções mais simples não se antepõem obstáculos. A complexidade emocional é como a espuma de um rio, formada pelos obstáculos que intervêm no fluxo uniforme da corrente. Porém, se as energias vitais não encontram obstáculos, nenhuma ondulação é produzida na superfície, passando, assim, despercebida a sua força para quem não tem olhos de observador.

Na vida do homem de ciência cumprem-se todas as condições da felicidade. Ele exerce uma atividade em que aproveita ao máximo suas faculdades e consegue resultados que não parecem importantes apenas para eles, mas também para o público em geral, embora este não entenda uma palavra do que digam. Neste aspecto, o homem de ciência é mais venturoso do que o artista. Quando o público não entende um quadro ou um poema, chega à conclusão de que é o quadro ou o poema que são ruins. Quando é incapaz de entender a teoria da relatividade, chega à conclusão — acertada — de que não estudou suficientemente. A consequência é que Einstein é venerado, ao passo que os melhores pintores morrem de fome em suas mansardas; que aquele é feliz enquanto os pintores são desgraçados. Muito poucos homens podem ser autenticamente felizes em uma vida que obriga a uma constante autoafirmação em face do ceticismo das massas, a menos que possam refugiar-se em suas panelinhas, deixando no esquecimento o frio mundo exterior.

O homem de ciência não precisa de panelinhas, pois, exceto por seus iguais, todo mundo tem uma boa opinião sobre ele. O artista, ao contrário, encontra-se na triste situação de ter que escolher entre ser desprezado ou desprezar. Se seu talento é de primeira categoria, pode acontecer com ele uma ou outra destas duas desgraças: a primeira, se utiliza esse talento; a segunda, se não o utiliza. Mas isso não ocorreu sempre nem em todos os lugares. Houve épocas em que até os bons artistas, inclusive quando jovens, eram bem-conceituados. Júlio II, embora às vezes maltratasse Michelangelo, nunca o considerou incapaz de pintar bem. Já o milionário moderno, embora despeje dinheiro sobre artistas velhos que já perderam suas faculdades, nunca percebe que o trabalho deles é tão importante quanto o seu. Pode ser que tais circunstâncias tenham algo a ver com o fato de que os homens de ciência sejam, em geral, mais felizes do que os artistas.

Devemos reconhecer que os jovens mais inteligentes dos países ocidentais tendem a sofrer a infelicidade de não encontrarem um trabalho adequado para seu talento. Mas não é o que acontece nos países orientais. Na atualidade, os jovens inteligentes possivelmente são mais felizes na Rússia[5] do que em qualquer outra parte do mundo. Ali têm a oportunidade de criar um mundo novo e possuem uma fé fervorosa de que podem fundamentar aquilo em que acreditam. Os velhos foram assassinados ou exilados, ou morrem de fome, ou foram descartados de alguma outra maneira, para que não possam obrigar os jovens, como se faz em todo país ocidental, a optar entre causar dano ou nada fazer. O ocidental sofisticado pode achar a fé do jovem russo algo tosca, mas o que é que se pode dizer contra ela? É certo que está criando um mundo novo; este novo mundo é de seu agrado; seguramente esse novo mundo, uma vez criado, fará o russo comum mais feliz do que era antes da Revolução Socialista de 1917. Talvez não seja um mundo em que um sofisticado intelectual do Ocidente possa ser feliz, mas o sofisticado intelectual do Ocidente não precisa viver nele. Por isso, de acordo com todos os critérios pragmáticos, a fé da jovem Rússia é justificada, e condená-la sob o argumento de que é tosca não se justifica, exceto no plano teórico.

Na Índia, na China e no Japão, as circunstâncias exteriores de caráter político interferem na felicidade da jovem *intelligentsia*, mas não existem obstáculos internos como os que existem no Ocidente. Há atividades que os jovens consideram importantes e eles sentem-se felizes quando as realizam bem. Sentem que são chamados a desempenhar um papel crucial na vida da nação e seus objetivos, embora difíceis, não são impossíveis de serem levados a cabo. O cinismo que com tanta frequência observamos nos jovens ocidentais com estudo superior é resultado da combinação do comodismo com a impotência. A impotência traz à pessoa a sensação de que nada vale a pena e o comodismo torna suportável a dor desse sentimento. Em todo o Oriente, o estudante universitário acha que pode influir bem mais na opinião pública do que seus equivalentes do Ocidente moderno,

---

[5] O autor refere-se à Rússia comunista, antes da Segunda Guerra Mundial. (N.E.)

porém sua possibilidade de garantir um alto salário é muito menor. Por não estar impotente nem acomodado, torna-se um reformista ou um revolucionário, mas não um cínico. A felicidade do cínico ou do revolucionário depende do curso que tomem os assuntos públicos, mas o mais plausível é que, enquanto estão atuando, gozem de mais felicidade do que aquele que, além de cínico, é acomodado. Lembro-me de um jovem chinês que visitou minha escola com a intenção de fundar uma parecida numa zona reacionária da China. Supunha que por isso lhe cortariam a cabeça, mas na verdade desfrutava de uma tranquila felicidade que eu só podia invejar.

Não tenho a intenção de insinuar que essas formas de felicidade de altos voos sejam as únicas possíveis. De fato, só se mostram acessíveis a uma minoria, já que requerem um tipo de capacidade e uma amplitude de interesses incomuns. Não são apenas os cientistas eminentes que tiram prazer de seu trabalho, não são apenas os estadistas que tiram prazer da defesa de uma causa. O prazer do trabalho está ao alcance de qualquer um que possa desenvolver uma habilidade especializada, sempre que obtenha satisfação do exercício de sua habilidade sem exigir o aplauso do mundo inteiro.

Conheci um homem que havia perdido o movimento de ambas as pernas ainda muito jovem e, mesmo assim, viveu uma longa vida de felicidade, escrevendo uma obra em cinco volumes sobre as pragas das rosas. Pelo que eu soube, ele era o maior especialista no assunto. Não tive a oportunidade de conhecer muitos conquiliologistas, mas, a julgar pelos que conheci, o estudo das conchas propicia grande satisfação a seus praticantes. E conheci outro homem que era o melhor linotipista do mundo, sempre solicitado por todos os que se dedicavam a inventar tipos artísticos; sua satisfação não se devia ao genuíno respeito que tinham por ele pessoas que não concediam seu respeito facilmente, mas sim ao prazer que lhe dava exercer seu ofício, um prazer não muito diferente daquele que as boas bailarinas obtêm da dança. Conheci também linotipistas especializados em fundir matrizes matemáticas, escritura nestoriana ou cuneiforme, ou quaisquer outros caracteres fora do normal e difíceis. Não cheguei a saber se esses homens eram felizes em sua vida particular, mas nas horas de trabalho seus instintos construtivos viam-se plenamente gratificados.

Não raro ouvimos dizer que nesta época de maquinismo há menos oportunidades do que antes para que o artesão se deleite em seu trabalho especializado. Não estou nada seguro de que tal opinião esteja correta. É verdade que atualmente o trabalhador especializado atua em linhas produtivas muito diferentes daquelas que ocupavam a atenção das corporações medievais, mas ele continua sendo muito importante e imprescindível nesta economia baseada na máquina. Existem aqueles que constroem instrumentos científicos e máquinas delicadas, há desenhistas, mecânicos de aviões, motoristas e várias outras pessoas que têm um ofício no qual podem desenvolver uma habilidade quase até seus últimos limites. Pelo que pude observar, o trabalhador agrícola e o camponês das sociedades relativamente primitivas não são tão felizes quanto um motorista ou alguém que trabalha com máquinas. É verdade que o trabalho do camponês que cultiva sua própria terra é variado: lavra, semeia, colhe. Todavia está à mercê dos elementos e tem consciência dessa dependência, ao passo que o homem que maneja um maquinismo moderno tem certeza de seu poder e chega a experimentar a sensação de que o homem é o senhor, não o escravo, das forças naturais.

Naturalmente, nada há de interessante no trabalho da grande massa de operários que se limita a cuidar das máquinas, repetindo vez ou outra alguma operação mecânica com a menor variação possível. No entanto, quanto menos interessante é um trabalho, mais ele passará a ser feito por uma máquina. O objetivo último da produção pela máquina — do qual ainda estamos longe — é um sistema em que esta faça tudo o que careça de interesse, reservando-se o ser humano às tarefas que impliquem variedade e iniciativa. Em um mundo assim, o trabalho seria o menos aborrecido e deprimente, desde o aparecimento da agricultura.

Ao dedicar-se à agricultura, a humanidade resolveu submeter-se à monotonia e ao tédio, com vistas a mitigar o risco de morrer de fome. Quando os homens obtinham seu alimento mediante caça, o trabalho era um imenso prazer, como demonstra o fato de os ricos ainda praticarem esta diversão ancestral por pura distração. Mas com a introdução da agricultura a humanidade deu início a um longo período de mediocridade, miséria e loucura, do qual somente agora começa a livrar-se, graças à benéfica intervenção das máquinas. Os sentimentais podem ainda falar do contato com a terra e da madura sabedoria dos camponeses filósofos de [Thomas] Hardy, mas os jovens nascidos no campo não pensam em nada além de encontrarem trabalho nas cidades para escapar à opressão do vento e da chuva e trocar a solidão das escuras noites de inverno pelos ambientes humanos e tranquilizadores das fábricas e dos cinemas.

A camaradagem e a cooperação são elementos imprescindíveis à felicidade do homem normal e bem mais fáceis de encontrar na indústria do que na agricultura.

Para um grande número de pessoas, acreditar numa causa é uma fonte de felicidade. Não estou pensando apenas nos revolucionários, socialistas, nacionalistas de países oprimidos, algo do gênero. Penso também em outras crenças de natureza mais humilde. Conheci pessoas que acreditavam que os ingleses eram as dez tribos perdidas de Israel e que, quase invariavelmente, eram felizes; e a felicidade não tinha limites para os que acreditavam que os ingleses procedem somente das tribos de Efraim e Manassés. Não estou sugerindo que o leitor adote tais crenças, já que não posso pleitear uma felicidade baseada naquilo que para mim é uma crença falsa. Pelo mesmo motivo, não posso exortar o leitor a acreditar que os humanos devem alimentar-se exclusivamente de frutos secos, embora, como tenho observado, esta crença garantisse invariavelmente uma felicidade perfeita. Mas é fácil encontrar uma causa que não seja tão fantástica, e aqueles que sentem um interesse por essa causa terão encontrado ocupação para seu tempo livre e um antídoto infalível contra a sensação de vida vazia.

Não muito diferente da devoção a causas menores é nos deixarmos absorver por um hobby. Um dos matemáticos mais importantes de nossa época divide seu tempo em partes iguais entre o estudo de sua disciplina e a filatelia. Suponho que os selos lhe sirvam de consolo quando não consegue fazer progressos na matemática. A dificuldade de demonstrar proposições em teoria numérica não é a única atribulação que podemos curar colecionando selos, nem estes são os únicos objetos que podemos colecionar. Que imensos campos de êxtase se abrem à imaginação quando pensamos em porcelana antiga, caixas de rapé, moedas romanas, pontas de flechas e utensílios de sílex. É claro que muitos de nós somos demasiadamente "superiores" para esses prazeres simples. Todos nós os tivemos quando crianças, mas por alguma razão passamos a considerá-los indignos de um homem já maduro e sério. Isso é um erro. Prazeres que não prejudiquem os outros têm seu valor.

Eu, por exemplo, coleciono rios. Sinto prazer em ter descido pelo Volga e ter subido pelo Yang-tsé, e lamento, bastante, não conhecer ainda o Amazonas nem o Orinoco. Por mais simples que sejam tais emoções, não me envergonho delas. Pensemos igualmente no gozo apaixonado do torcedor de beisebol: lê os jornais com avidez e vai ao delírio ouvindo rádio. Lembro-me de quando conheci um dos principais escritores dos Estados Unidos, um homem que, a julgar por seus livros, eu supunha consumido pela melancolia. Por acaso, naquele instante o rádio estava noticiando os resultados mais importantes da liga de beisebol. O homem se esqueceu de mim, da literatura e de todos os demais sofrimentos de nossa vida sublunar e gritou de alegria ao ouvir que seu time havia ganho. Desde aquele dia, pude ler seus livros sem me sentir deprimido pelas desgraças que ocorrem a seus personagens.

Em muitos casos, talvez na maioria deles, paixões dessa natureza não são uma fonte de felicidade básica, mas antes um meio de escapar à realidade, de esquecer por instantes alguma dor muito difícil de enfrentar. A felicidade básica depende sobretudo do que poderíamos chamar de interesse amistoso pelas pessoas e pelas coisas.

O interesse amistoso pelas pessoas é uma modalidade de afeto, mas não do tipo possessivo, que sempre busca uma resposta empática. Esta modalidade é, não raro, causa de infelicidade. A que contribui para a felicidade é aquela que leva a pessoa a gostar de observar as outras e a encontrar prazer em seus traços pessoais, sem colocar obstáculos aos interesses e prazeres daquelas com quem ela entra em contato, nem pretender adquirir poder sobre elas, ou mesmo obter sua admiração entusiasta. A pessoa com esse tipo de atitude para com os demais será uma fonte de felicidade e uma fonte de amabilidade recíproca. Seu relacionamento com os outros, superficial ou profundo, satisfará seus interesses e seus afetos; não ficará amargurada com a ingratidão, já que quase nunca a experimentará e, quando for o caso, não a perceberá. As mesmas idiossincrasias que deixariam qualquer outra pessoa nervosa até a exasperação serão para ela uma fonte de serena diversão. Obterá sem esforço resultados que para muitos serão inalcançáveis, por mais que se esforcem. Como é feliz em si, será uma companhia agradável e isso, por sua vez, aumentará sua felicidade. Mas tudo tem que ser autêntico, não se deve basear no conceito de sacrifício inspirado pelo sentido do dever. O sentido do dever é útil no trabalho, mas ofensivo nas relações pessoais. As pessoas querem parecer agradáveis aos outros, e não serem toleradas com paciente resignação. Gostar de muitas pessoas espontaneamente e sem esforço é, possivelmente, a maior de todas as fontes de felicidade pessoal.

No parágrafo acima mencionei também o que chamo de interesse amistoso pelas coisas. Pode ser que a frase pareça meio forçada, já que poderíamos dizer que é impossível sentir amizade pelas coisas. Não obstante, existe algo análogo à amizade no tipo de interesse que um geólogo sente pelas rochas ou um arqueólogo pelas ruínas, e esse interesse deveria fazer parte de nossa atitude para com os indivíduos ou as sociedades. Uma pessoa pode sentir por certas coisas um interesse que não é amistoso, mas sim hostil. É possível que um homem se ponha a reunir dados sobre o *habitat* das aranhas porque as odeia e gostaria de viver onde não houvesse qualquer uma delas. Este tipo de interesse não proporciona a mesma satisfação que o prazer obtido pelo geólogo com suas rochas. O interesse por coisas impessoais, embora possa ter menos valor como ingrediente da felicidade cotidiana do que a atitude amistosa para com o próximo, é, mesmo assim, importante. O mundo é enorme e nossas faculdades são limitadas. Se toda a nossa felicidade depende exclusivamente de nossas circunstâncias pessoais, o mais plausível é que estejamos pedindo à vida mais do que ela pode nos dar. E pedir demais é o método mais seguro de conseguir menos do que seria possível.

A pessoa capaz de esquecer suas preocupações graças, por exemplo, a um interesse genuíno pelo Concílio de Trento ou pelo ciclo vital das estrelas, descobrirá que, ao voltar de sua excursão ao mundo impessoal, adquiriu um aprumo e uma calma que lhe permitirão enfrentar seus problemas da melhor maneira e, enquanto isso, terá experimentado uma felicidade autêntica, embora passageira. O segredo da felicidade é este: que seus interesses sejam os mais amplos possíveis e que suas reações às coisas e às pessoas que lhe interessam tornem-se, na medida do possível, amistosas e não hostis.

Nos capítulos seguintes ampliarei este exame preliminar das possibilidades de felicidade e proporei maneiras de escapar das fontes psicológicas de infelicidade.

Capítulo XI

Entusiasmo

Neste capítulo proponho-me falar daquilo que me parece o traço mais universal e característico das pessoas felizes: o entusiasmo.

Talvez a melhor forma de compreender o que se entende por entusiasmo seja considerar os diferentes comportamentos das pessoas quando sentam-se para comer. Para algumas, a comida não é mais do que um aborrecimento; por melhor que esteja, ela não lhes parece interessante. Comeram pratos excelentes antes, possivelmente em quase todas as refeições de sua vida. Nunca souberam o que é ficar sem comer até que a fome se transformasse numa paixão turbulenta — e chegaram a considerar que as refeições são simples atos convencionais, ditados pelos costumes da sociedade em que vivem. Como tudo, as refeições podem ser um aborrecimento, mas não adianta nos queixarmos disso, porque as demais coisas serão ainda mais fastidiosas. Há também os inválidos, que comem por pura obrigação, porque o médico lhes disse que é preciso alimentar-se para conservar a energia.

Por outro lado, temos os epicuristas, que começam muito animados e vão descobrindo que nada está tão bem cozido como deveria. Outra categoria é a dos glutões, que se lançam sobre a comida com voracidade, comem demais e ficam inchados e cheios de gases. Por último, vêm os que começam a comer com bom apetite, desfrutam da comida e deixam de comer quando consideram que já tiveram o bastante. Os que participam do banquete da vida adotam atitude igual diante das boas coisas que esta lhes oferece: o homem feliz corresponde a este último tipo de comensal.

Assim como o apetite está para a comida, o entusiasmo está para a vida. O homem que se sente enfadado diante de um prato de comida é equivalente à vítima de infelicidade byroniana. O inválido que come por obrigação assemelha-se ao ascético; o glutão, ao voluptuoso. O epicurista é esse tipo de pessoa tão fastidiosa que condena a metade dos prazeres da vida por motivos estéticos. O mais curioso é que todos esses tipos, com a possível exceção do glutão, sentem desprezo pelo homem de apetite sadio e se consideram superiores a ele. Parece-lhes uma vulgaridade desfrutarem da comida, porque têm fome, ou da vida, porque esta oferece toda uma variedade de espetáculos interessantes e experiências surpreendentes. Do alto de sua falta de ilusão contemplam com desprezo aqueles a quem consideram de alma simples.

Não tenho nenhuma simpatia para com este ponto de vista. Para mim, todo desencanto é uma enfermidade — que pode ser inevitável devido às circunstâncias, mas que, ainda assim, quando se apresenta, desde já deve ser curada —, e não uma forma superior de sabedoria.

Digamos que uma pessoa gosta de morangos e outra, não. Em que sentido a segunda é superior? Não existe nenhuma prova abstrata e impessoal que possa garantir que morangos são bons ou não. Para os que gostam de morangos, eles são bons; para os que não gostam, não. No entanto o homem que gosta de morangos tem um prazer que o outro não tem; nesse aspecto, sua vida é mais agradável e ele está mais bem-adaptado ao mundo em que ambos devem viver. E o que é certo neste exemplo dos mais simples é também verdade em questões mais importantes. Nesse aspecto, o torcedor de futebol é superior àquele que não torce por time nenhum. O que gosta de ler é ainda mais superior do que aquele que não gosta, porque tem muito mais oportunidades de ler do que de assistir a partidas de futebol. Quanto mais coisas despertem o interesse do homem, tanto maiores suas oportunidades de felicidade e tanto menores as oportunidades de ele ficar exposto aos caprichos do destino, já que, se lhe falta uma das coisas, sempre poderá recorrer a outra. A vida é muito curta para que possamos nos interessar por tudo, mas convém concentrar nosso interesse em todas as coisas que possam preencher nossos dias. Todos somos propensos à enfermidade do introvertido, que, ao ver desdobrar-se diante de si os múltiplos espetáculos do mundo, desvia os olhos e só se concentra em seu vazio interior. Mas não vamos imaginar que haja algo de grandeza na infelicidade do introvertido.

Era uma vez duas máquinas de salsichas, ambas excelentemente construídas para a função de transformar um porco nas mais deliciosas salsichas. Uma delas conservou seu entusiasmo pelo porco e produziu inumeráveis salsichas, enquanto a outra disse: "Que me importa o porco? Meu próprio mecanismo é bem mais interessante e maravilhoso do que qualquer porco." Rechaçou o porco e passou a investigar seu próprio interior. Mas, ao ficar desprovida de seu alimento natural, seu mecanismo emperrou, e quanto mais o estudava, mais vazio e estúpido lhe parecia. Toda a maquinaria de precisão, que havia até então levado a cabo a deliciosa transformação, ficou parada, e a máquina, incapaz de adivinhar para que servia cada peça.

Essa segunda máquina de fazer salsicha é como o homem que perdeu o entusiasmo, ao passo que a primeira assemelha-se ao homem que o conserva. A mente é uma estranha máquina capaz de combinar de maneira assombrosa os materiais que se lhe oferecem, mas sem materiais procedentes do mundo exterior não pode fazer nada, e, diferentemente da máquina de fazer salsicha, ela própria precisa obter tais materiais, porque seus êxitos só se convertem em experiência graças ao interesse que demonstramos por eles. Se não nos interessam, nada conseguimos deles que nos seja útil. O homem cuja atenção se dirige para dentro não encontra nada digno de seu interesse, ao passo que aquele que leva sua atenção para fora encontra em seu interior, nesses raros momentos em que alguém examina a própria alma, os ingredientes mais diversos e interessantes, desmontando-se e recombinando-se em padrões bonitos ou instrutivos.

O entusiasmo assume variadas formas. Lembremo-nos, por exemplo, de Sherlock Holmes. Um dia o famoso detetive apanhou um chapéu que encontrou jogado na rua. Depois de olhá-lo por um momento, concluiu que seu dono estava com grandes problemas de ordem material e que sua mulher já não lhe queria bem como antes. A vida nunca pode ser aborrecida para um homem a quem os objetos mais triviais oferecem tal abundância de interesses. Pensemos nas diferentes coisas que podem chamar a atenção durante um passeio pelo campo. Um homem, os pássaros, outro, a vegetação, um terceiro, as plantações, outros mais, a geologia, e assim por diante. Todas essas coisas são interessantes para aqueles que se interessam por elas; e, sendo iguais todas as outras circunstâncias, o homem que se interessa por qualquer uma delas se acha mais bem-adaptado ao mundo do que aquele que não se interessa.

Como são assombrosamente variadas as atitudes das diferentes pessoas para com o próximo. Durante uma longa viagem de trem, um homem pode não se concentrar em nenhum de seus companheiros de viagem, ao passo que um outro terá analisado todos eles, examinado seu caráter e deduzido com sagacidade a situação de cada um deles na vida, podendo, inclusive, chegar a descobrir muitos de seus segredos. As pessoas se diferenciam tanto no que sentem pelos demais quanto no que chegam a saber deles. Há pessoas que estão sempre aborrecidas com tudo; já outras sentem a maior facilidade em desenvolver sentimentos amistosos para com aquelas com quem entram em contato, a menos que exista uma razão concreta para sentir de outra maneira.

Vejamos novamente a questão da viagem. Algumas pessoas viajam por muitos países, instalando-se sempre nos melhores hotéis, comendo exatamente a mesma comida que comeriam em sua casa, encontrando-se com os mesmos ricos ociosos com os quais se encontrariam se estivessem em casa, falando dos mesmos assuntos de que falariam na sala de jantar de sua casa. Quando regressam, seu único sentimento é o de alívio por terem acabado com o enfado de uma viagem cara. Outras pessoas, aonde quer que vão, veem o que é característico de cada lugar, conhecem os nativos, observam tudo o que tenha interesse histórico ou social, comem a comida do país, aprendem seus costumes e idiomas — e voltam para casa com um belo acúmulo de pensamentos agradáveis para as noites de inverno.

Em todas essas diferentes situações, o homem com entusiasmo pela vida leva vantagem sobre o homem sem entusiasmo. Para aqueles, até as situações desagradáveis se revelam úteis. Alegro-me por haver me imiscuído no meio de uma multidão chinesa ou de uma aldeia siciliana, embora não possa dizer que houvesse experimentado muito prazer naquele momento. Os aventureiros aprendem com naufrágios, motins, terremotos, incêndios e todo tipo de experiências desagradáveis, desde que não cheguem ao extremo de prejudicar seriamente sua própria saúde. Diante de um terremoto, costumam dizer: "Então é assim um terremoto!..." — e lhes causa prazer esse novo elemento acrescentado a seu conhecimento do mundo. Não seria correto dizer que tais homens não se acham à mercê do destino, porque, se perdessem a saúde, possivelmente perderiam também o entusiasmo, embora isso não seja algo que se possa avaliar de maneira segura. Conheci homens que morreram depois de anos de lenta agonia e que, ainda assim, conservaram seu entusiasmo quase até o último momento. Algumas doenças destroem o entusiasmo, enquanto outras, não. Não sei se os bioquímicos são capazes de distinguir um tipo do outro. Pode ser que, após a bioquímica avançar mais, venhamos a tomar pílulas que nos façam sentir interesse por tudo, mas, até que esse dia chegue, estaremos obrigados a depender do senso comum para observar a vida e distinguir quais são as causas que permitem a alguém sentir interesse por tudo, enquanto a um outro nada interessa. Às vezes, o entusiasmo é geral; outras vezes, é localizado. Pode até ser muito localizado na verdade. Os leitores de

[George] Borrow devem recordar-se de um personagem que aparece em *A língua dos ciganos*. Ele perde a esposa, a quem adorava, e, durante algum tempo, sente que a vida já não tem nenhum sentido. Mas começa a interessar-se pelas inscrições chinesas nos bules e caixas de chá e, com a ajuda de um dicionário francês-chinês, para cujo uso teve antes que aprender francês, dedica-se a decifrá-las, adquirindo assim um novo interesse na vida, embora nunca chegue a utilizar seus conhecimentos de chinês para outros propósitos. Conheci homens que estavam completamente absortos na tarefa de aprender tudo sobre a heresia gnóstica e outros cujo principal interesse consistia em cotejar os manuscritos de [Thomas] Hobbes com suas primeiras edições. Nunca dá para saber de antemão o que vai interessar a um homem, mas quase todos são capazes de interessar-se por isso ou por aquilo, e, quando tal ocorre, a vida deixa de ser enfadonha. Os gostos acentuados e específicos são uma fonte de felicidade menos satisfatória do que o entusiasmo geral pela vida, já que dificilmente preenchem todo o tempo de um homem, e há sempre o risco de ele vir a saber tudo o que há para saber sobre esse assunto específico que se tornou seu hobby.

Devemos recordar que, entre os diferentes tipos de comensais num banquete, incluímos o glutão, a quem não fizemos qualquer elogio. O leitor poderia pensar que o homem entusiasmado a quem temos elogiado tanto não se distingue do glutão em nenhum aspecto determinado. Este é o momento de estabelecer diferenças mais concretas entre esses dois tipos.

Como todos sabemos, os antigos consideravam a moderação uma das virtudes fundamentais. Sob a influência do Romantismo e da Revolução Francesa, este ponto de vista foi rechaçado por muitos e as paixões devastadoras viraram motivo de admiração, embora fossem, como as dos heróis de Byron, do tipo destrutivo e antissocial. É claro que os antigos tinham razão. Numa vida boa deve existir equilíbrio entre as diferentes atividades e nenhuma delas deve ir tão longe que torne impossíveis as demais. O glutão sacrifica todos os outros prazeres ao de comer e, dessa forma, diminui a felicidade total de sua vida. Há muitas outras paixões, além da gula, que podem chegar a excessos semelhantes.

A imperatriz Josefina era uma glutona no que diz respeito às roupas. No princípio, Napoleão pagava as contas de sua costureira, embora protestando cada vez mais. Depois, acabou vendo-se obrigado a dizer-lhe que moderasse os gastos e avisou-lhe que, no futuro, só pagaria tais contas quando fossem razoáveis. Quando chegou a conta seguinte da costureira, Josefina não soube, de pronto, o que fazer, mas logo lhe ocorreu uma saída. Procurou o ministro da Guerra e exigiu que pagasse a conta com os fundos de guerra. Como o ministro sabia que uma palavra dela poderia destituí-lo, pagou a conta e, como consequência, os franceses perderam Gênova. Pelo menos é o que dizem alguns livros, mas é difícil garantir que essa história seja absolutamente verídica. Para nossos propósitos tanto faz que seja verdadeira ou não, já que serve para mostrar até onde a paixão pela moda pode levar uma mulher que tem condições de entregar-se a esse capricho. Os dipsômanos e as ninfomaníacas são exemplos óbvios disso. Também é óbvio o princípio que devemos aplicar nestes casos. Todos os nossos gostos e desejos têm que se encaixar no marco geral da vida. Para que sejam uma fonte de felicidade, devem ser compatíveis com a saúde, com o carinho de nossos entes queridos e com o respeito da sociedade em que vivemos. Algumas paixões podem ser elevadas a um grau máximo, sem ultrapassar limites; outras, porém, não.

Suponhamos que um homem goste de xadrez. Se é solteiro e economicamente independente, não tem por que reprimir sua paixão em grau algum, mas se tem esposa e filhos e não possui meios econômicos, terá de reprimir-se consideravelmente. O dipsômano e o glutão, embora precisem de ataduras sociais, agem contra seus próprios interesses, já que o vício prejudica a saúde de ambos e proporciona-lhes horas de sofrimento em troca de minutos de prazer. Há certas coisas que formam uma estrutura a que devem adaptar-se todas as paixões, se não quisermos que se transformem em fonte de sofrimentos. Tais coisas são a saúde, o domínio geral de nossas faculdades, salários suficientes para cobrir as necessidades e os deveres sociais mais básicos, como os que se referem à esposa e aos filhos. O homem que sacrifica essas coisas pelo xadrez é realmente tão censurável como o dipsômano. Se não o condenamos tão severamente é só porque é muito menos comum e porque é preciso possuir faculdades especiais para deixar-se absorver por um jogo tão intelectual.

A fórmula grega de moderação aplica-se perfeitamente a estes casos. Se um homem gosta tanto de xadrez que passa todo o seu dia de trabalho antecipando a partida que jogará à noite, é feliz; mas se deixa de trabalhar para jogar xadrez o dia inteiro, ele perdeu a virtude da moderação. Comenta-se que Tolstói, em seus loucos anos de juventude, ganhou uma medalha por sua bravura no campo de batalha, mas que, quando chegou o momento de ser condecorado, estava tão empenhado numa partida de xadrez que resolveu não ir. A questão não é que critiquemos a conduta de Tolstói, já que provavelmente pouco se lhe dava ganhar condecorações militares ou não, mas em um homem de talento menor um ato semelhante teria sido uma estupidez.

Existe uma limitação à doutrina que acabei de expor: temos de admitir que alguns comportamentos são considerados tão essencialmente nobres que justificam o sacrifício de todos os demais. O homem que dá sua vida em defesa da pátria não é censurado, mesmo que a esposa e os filhos fiquem na miséria. Aquele que se dedica a realizar experimentos com vistas a uma grande invenção ou descoberta científica não se vê, em geral, culpado pela pobreza em que manteve sua família, sempre que seus esforços se vejam coroados de êxito no final. Se não chegar a conseguir a invenção ou a descoberta que buscava, a opinião pública o chamará de maluco, o que parece injusto, já que nesse tipo de empreendimento nunca podemos estar seguros da vitória. Durante o primeiro milênio da era cristã, exaltava-se o homem que abandonava sua família para seguir uma vida de santidade, ao passo que agora seria exigido dele que deixasse a coberto as necessidades dos seus.

Acho que sempre existe uma profunda diferença psicológica entre o glutão e o homem de bom apetite. Os que se deixam dominar por um desejo à custa de todos os outros costumam ser pessoas com algum problema interior, que tentam escapar de um fantasma. No caso do dipsômano, é evidente: bebe para esquecer. Se não houvesse fantasmas em sua vida, a embriaguez não lhe pareceria mais agradável que a sobriedade. Como dizia o chinês da piada: "Eu não bebo por beber; eu bebo para me embriagar." Isso é típico de todas as paixões excessivas e sem medida. O que buscamos não é o prazer em si, mas o esquecimento. Uma atitude é buscar o esquecimento de maneira embrutecedora, e outra, muito diferente, é buscá-lo mediante o exercício de faculdades positivas. O personagem de Borrow, que aprendia chinês para suportar a perda da esposa, também buscava o esquecimento, mas buscava-o por intermédio de uma atividade que não tinha efeitos prejudiciais e, sim, melhorava sua inteligência e cultura. Nada há a dizer contra essas formas de escape; mas é muito diferente o caso daqueles que buscam o esquecimento na bebida, no jogo ou em um outro tipo de satisfação não benéfica. Claro que existem casos ambíguos.

Que diríamos do homem que se arrisca loucamente em um aeroplano ou escalando montanhas, porque a vida se transformou para ele num enfado? Se o risco serve para algum fim público, podemos admirá-lo, mas, se não for assim, nós o colocaremos muito pouco acima do jogador e do bêbado.

O entusiasmo autêntico, não aquele que na verdade é uma busca de esquecimento, faz parte da natureza humana, a menos que tenha sido destruído por circunstâncias adversas. As crianças interessam-se por tudo que veem e ouvem; o mundo está cheio de surpresas, e elas sempre estão fervorosamente empenhadas na busca de conhecimentos; não de conhecimento escolástico, naturalmente, mas desse tipo de conhecimento que consiste em familiarizar-se com os objetos que lhes chamam a atenção. Os animais conservam seu entusiasmo inclusive na vida adulta, desde que estejam com saúde. Um gato que entre numa casa desconhecida não se acomodará enquanto não houver farejado todos os cantos para, por exemplo, ver se não há cheiro de rato em alguma parte.

O homem que não tenha sofrido nenhum trauma grave manterá seu interesse natural pelo mundo exterior, e, enquanto o mantiver, a vida será agradável para ele, a menos que limitemos excessivamente sua liberdade.

A perda de entusiasmo na sociedade civilizada deve-se em grande parte às restrições à liberdade, necessárias para manter nosso modo de vida. O selvagem caça quando sente fome e, ao fazê-lo, obedece a um impulso direto. O homem que sai para o trabalho toda manhã, à mesma hora, age motivado fundamentalmente pelo mesmo impulso da necessidade de assegurar a subsistência, mas neste caso o impulso não age diretamente nem no momento em que aparece, mas indiretamente, por meio de abstrações, crenças e vontades. No momento de sair para o trabalho, o homem não sente fome, já que acabou de fazer o café da manhã. Simplesmente, sabe que a fome voltará, e que ir ao trabalho é uma forma de satisfazer a fome futura. Os impulsos são irregulares, ao passo que os hábitos, numa sociedade civilizada, precisam ser regulares.

Entre os selvagens, até os empreendimentos coletivos, quando estes existem, são espontâneos e impulsivos. Quando a tribo vai à guerra, o tambor desperta o ardor guerreiro e a excitação coletiva inspira cada indivíduo para a atividade necessária. As empresas modernas não podem ser administradas dessa forma. Quando um trem precisa sair a certa hora, é impossível inspirar os funcionários da linha férrea, o maquinista e o sinaleiro, por meio de uma música bárbara. Cada qual executará sua tarefa simplesmente porque tem que fazê-la, ou seja, seu motivo é indireto: não sentem nenhum impulso pela atividade, mas pela recompensa de direito obtida por seu intermédio.

Grande parte da vida social apresenta o mesmo defeito. Muitas pessoas falam com outras não porque desejam fazê-lo, mas sim pensando em algum benefício ulterior que esperam obter dessa cooperação. Em cada momento de sua vida, o homem civilizado se vê freado por restrições aos seus impulsos. Ao sentir alegria, não deve cantar e dançar na rua, ao sentir tristeza, não deve pôr-se no chão a chorar, porque atrapalharia os transeuntes. Quando é criança, restringem sua liberdade na escola e, na vida adulta, essa mesma liberdade é restringida durante as horas de trabalho. Tudo isso faz com que, para o homem, seja difícil manter seu entusiasmo, porque as constantes restrições tendem a provocar enfado e aborrecimento. Não obstante, a sociedade civilizada é impossível sem um considerável grau de restrições aos impulsos espontâneos, já que estes só dão lugar às formas mais simples de cooperação social e não às complexas formas que a formação econômica moderna exige. Para superar tais obstáculos ao entusiasmo, precisamos de energia e de saúde em abundância, ou pelo menos de termos a boa sorte de trabalhar em algo que nos seja interessante.

A saúde, a julgar pelas estatísticas, melhorou de maneira constante em todos os países civilizados durante os últimos cem anos, mas a energia é mais difícil de medir e duvido que, agora, as pessoas tenham tanto vigor físico em momentos de saúde como em outros tempos. O problema é, em grande medida, de tipo social e, como tal, não é minha intenção comentá-lo neste livro. O problema tem um aspecto pessoal e psicológico que já comentamos ao falar da fadiga. Algumas pessoas mantêm o entusiasmo apesar dos impedimentos da vida civilizada e várias outras fariam o mesmo, caso se livrassem dos conflitos psicológicos internos em que despendem grandes partes de suas energias. O entusiasmo requer mais energia do que aquela necessária ao trabalho, e, para isso, é preciso que a maquinaria psicológica esteja funcionando bem. Nos próximos capítulos falarei mais sobre as maneiras de facilitar o bom funcionamento desta maquinaria.

Entre as mulheres, agora menos do que antes, mas ainda em grande medida — por culpa do conceito errôneo da respeitabilidade — muito do entusiasmo esvaiu-se. Era malvisto que as mulheres se interessassem abertamente pelos homens e se mostrassem muito animadas em público. Tentando aprender a não se interessar pelos homens, tendiam, não raro, ao desinteresse total, apenas valorizando certas normas de comportamento correto. Evidentemente, inculcar uma atitude de inatividade e de afastamento da vida é inculcar algo prejudicial para o entusiasmo, é o mesmo que fomentar certo tipo de introspecção, característico de muitas mulheres respeitáveis, sobretudo se não tiveram estudo. Não lhes interessam os esportes na mesma medida em que estes interessam aos homens, não lhes importa a política, sua atitude para com os homens é de grande frialdade e, para com as mulheres, de uma velada hostilidade baseada na convicção de que estas são menos respeitáveis do que elas próprias. Presumem que não precisam de ninguém, ou seja, sua falta de interesse pelos demais lhes parece uma virtude. Naturalmente, não podem ser culpadas por isso: apenas aceitam a doutrina moral que imperou durante milênios para as mulheres. São vítimas, dignas de compaixão, de um sistema repressivo cuja iniquidade não foram capazes de perceber. A tais mulheres parece bem tudo o que é mesquinho e mal tudo o que é generoso. Em seu próprio círculo social, fazem todo o possível para estragar as festas, em política são partidárias das leis repressivas.

Felizmente, esse tipo de mulher vai se tornando cada vez menos comum, mas ainda predomina mais do que acreditam aqueles que vivem em ambientes emancipados. Se alguém duvida do que estou dizendo, recomendo-lhe que faça uma busca em pensões, procurando estada, e repare em suas donas. Verá que tais mulheres vivem fiéis a um conceito de excelência feminina que traz consigo, como elemento imprescindível, a destruição de todo entusiasmo pela vida e que, como consequência, seus corações e mentes se atrofiaram e se desenvolveram mal. Entre a excelência masculina e a feminina não existe nenhuma diferença, pelo menos nenhuma das diferenças que a tradição inculca. Tanto para as mulheres quanto para os homens, o entusiasmo é o segredo da felicidade e do bem-estar.

Capítulo XII
Afeição

Uma das principais causas da diminuição do entusiasmo é a sensação de que não nos querem, enquanto o sentir-se amado, ao contrário, aumenta o entusiasmo mais do que tudo. Um homem pode ter a sensação de que não lhe querem bem pelas mais diversas razões. Consegue, por exemplo, considerar-se uma pessoa tão horrível que ninguém poderia amá-lo; talvez em sua infância tenha sido obrigado a acostumar-se a receber menos amor do que outras crianças; e pode realmente tratar-se de uma pessoa a quem ninguém ama. Mas, neste último caso, o motivo provavelmente é a falta de confiança em si, devido a uma infância infeliz.

O homem que não se acha querido pode, em consequência disso, adotar várias atitudes. Pode fazer esforços desesperados para ganhar o afeto dos outros, possivelmente mediante atos de excepcional amabilidade. É quase certo que não se saia bem quanto a isso, pois os beneficiários percebem facilmente o motivo de tanta bondade, e é típico da condição humana estar mais disposta a conceder seu afeto àqueles que menos o solicitam. Assim, o homem que se propõe comprar afeto com atos benévolos fica desiludido ao comprovar a ingratidão humana. Nunca lhe ocorre que o afeto que está tentando comprar tem muito mais valor que os benefícios materiais que oferece como pagamento, e, no entanto, seus atos se baseiam nesta convicção. Outro homem, ao dar-se conta de que não é amado, pode querer vingar-se do mundo, provocando guerras e revoluções ou molhando sua pena no amargor, como [Jonathan] Swift. Esta é uma reação heroica à desgraça, que requer força de caráter suficiente para que um homem se atreva a enfrentar o resto do mundo. Poucos são capazes de alcançar tais alturas; a grande maioria, tanto homens como mulheres, quando se acredita não querida, afunda em uma tímida desesperação, só aliviada por ocasionais centelhas de inveja e malícia. Como regra geral, essas pessoas vivem muito concentradas em si mesmas, e a falta de afeto lhes dá uma sensação de insegurança de que procuram instintivamente escapar, deixando que os hábitos dominem por completo suas vidas. As pessoas que são escravas de uma rotina invariável costumam agir assim por medo do frio mundo exterior e porque sentem que não tropeçarão se continuarem trilhando o mesmo caminho que fazem todos os dias.

Aqueles que enfrentam a vida com sensação de segurança são muito mais felizes do que os que a enfrentam com insegurança, desde que a sensação de segurança não conduza ao desastre. E, em muitos e muitos casos, embora não em todos, a própria sensação de segurança ajuda-os a escapar de perigos a que outros sucumbiriam. Se alguém caminha sobre um precipício por uma tábua estreita, terá mais possibilidade de cair, caso sinta medo, do que se não o sentir. E o mesmo se aplica a nosso comportamento na vida. Positivamente, o homem sem medo pode deparar-se de imediato com o desastre, mas é quase certo que saia incólume de várias situações difíceis, nas quais um tímido se arranharia. Como é natural, esse tipo tão útil de autoconfiança assume inumeráveis formas. Uns sentem-se confiantes nas montanhas, outros, no mar, e outros mais, no ar. Mas a autoconfiança geral é, sobretudo, consequência de estarmos acostumados a receber o afeto de que precisamos. É deste hábito mental, considerado uma fonte de entusiasmo, que desejo falar neste capítulo.

O que causa esta sensação de segurança é o afeto recebido, não o afeto dado, embora na maior parte dos casos costume ser um carinho recíproco. Em termos estritos, não é apenas o afeto, mas a admiração, o que produz tais resultados. As pessoas que, por profissão, precisam ganhar a admiração do público, como os atores, pregadores, oradores e políticos, dependem cada vez mais do aplauso. Quando recebem o ansiado prêmio da aprovação pública, suas vidas se repletam de entusiasmo; quando não o recebem, vivem descontentes e compenetrados. A simpatia difusa de uma multidão é para eles o que é, para outros, o carinho concentrado de uns poucos. A criança cujos pais a querem bem aceita o afeto deles como lei da natureza. Pouco pensa nisso, embora seja algo importante para sua felicidade. Pensa no mundo, nas aventuras que lhe vão acontecendo e naquelas ainda mais maravilhosas que ocorrerão quando for mais velha. Por trás de todos esses interesses externos se acha a sensação de que o amor de seus pais a protegerá contra qualquer desastre.

Já a criança que, por alguma razão, não pode contar com o amor parental, reúne muitas possibilidades de tornar-se tímida e retraída, cheia de medos e autocompaixão, e já não é capaz de enfrentar o mundo com o espírito da alegre exploração. Tais crianças começam a refletir cedo sobre a vida, a morte e o destino humano. A princípio, são introvertidas e melancólicas, mas com o tempo buscam o consolo irreal de algum sistema filosófico ou teológico. O mundo é um lugar muito confuso, que contém coisas agradáveis e coisas desagradáveis misturadas ao acaso. E o desejo de encontrar um rumo ou um sistema inteligível é, no fundo, consequência do medo. De fato, é como uma agorafobia, ou medo dos espaços abertos. Entre as quatro paredes de sua biblioteca, o estudante tímido sente-se a salvo. Se lhe acontece convencer-se de que o universo é igualmente ordenado, mostrará a mesma segurança quando tiver que aventurar-se pelas ruas. Caso essas crianças houvessem recebido mais carinho, seu medo do mundo seria menor e não teriam que inventar um mundo ideal para substituir o real em suas mentes.

Nem todo carinho tem esse efeito de incentivar a aventura. O afeto dado deve ser forte, não tímido, e objetivar a excelência do ser amado mais do que sua segurança, embora, naturalmente, não devamos ser indiferentes à segurança. A mãe ou babá medrosas, que estão sempre avisando às crianças dos desastres que podem lhes ocorrer, que acham que todos os cães mordem e que todas as vacas são touros, podem inculcar-lhes apreensões iguais às suas, fazendo-as sentir que nunca estarão a salvo se saírem da barra de suas saias. Uma mãe extremamente possessiva pode achar bastante agradável essa sensação por parte do filho: interessa-lhe mais que o menino dependa dela do que da própria capacidade para enfrentar o mundo. Neste caso, a longo prazo, certamente, a criança cresce pior do que se não a houvessem amado.

Os hábitos mentais adquiridos nos primeiros anos de vida tendem a persistir durante todo o tempo. Muitas pessoas, quando se apaixonam, buscam nisso um pequeno refúgio contra o mundo, onde possam estar seguras de ser admiradas, embora não sejam admiráveis, e elogiadas, embora não sejam dignas de elogios. Para muitos homens, o lar é um refúgio contra a verdade: o que procuram é uma companheira com a qual possam descansar de seus medos e apreensões. Procuram na esposa o que obtiveram antes de uma mãe tola e, ainda assim, surpreendem-se quando as esposas os consideram crianças grandes.

Definir o melhor tipo de carinho não é em nada fácil, visto que, evidentemente, sempre haverá nele *algum* elemento protetor. Não somos indiferentes às dores das pessoas a quem amamos.

Creio que a apreensão ou o temor da desgraça — que não deve ser confundida com a solidariedade quando realmente aconteceu uma desgraça — deve desempenhar o menor papel possível no carinho. Ter medo por outros é pouco melhor que termos medo por nós próprios. E, além disso, quase sempre é apenas uma camuflagem dos sentimentos possessivos. Ao infundir temor no outro, pretendemos adquirir um domínio mais completo sobre ele. Esta, naturalmente, é uma das razões por que os homens gostam de mulheres tímidas, já que, ao protegê-las, sentem que as possuem. A quantidade de solicitude de que uma pessoa pode ser objeto sem sair arranhada depende de seu caráter: uma pessoa forte e aventureira aguenta o bastante sem ser prejudicada, mas a pessoa tímida deve ser encorajada a esperar pouco nesse sentido.

O afeto recebido cumpre uma função dupla. Até agora falei do tema em relação à segurança, mas na vida adulta ele tem um propósito biológico ainda mais importante: a procriação. Ser incapaz de inspirar amor sexual é uma grande desgraça para qualquer homem ou mulher, já que os priva das maiores alegrias que a vida pode oferecer. É quase certo que, mais cedo ou mais tarde, tal privação venha a lhes destruir o entusiasmo e conduzi-los à introversão. O mais frequente é que uma infância infeliz ocasione defeitos de caráter que são a causa da incapacidade de inspirar amor mais adiante. Certamente isso afeta mais os homens do que as mulheres, já que, em geral, as mulheres amam os homens por seu caráter, ao passo que estes amam as mulheres por sua aparência. Devemos dizer que, neste aspecto, os homens se mostram inferiores às mulheres, uma vez que as qualidades que estes acham agradáveis nas mulheres são, em seu conjunto, menos desejáveis do que aquelas que as mulheres acham agradáveis nos homens. Não estou certo de que seja mais fácil adquirir bom caráter do que adquirir boa aparência. Seja como for, as medidas necessárias para conseguir essa última são mais conhecidas, e as mulheres se esforçam mais nisso do que os homens se esforçam para adquirir bom caráter.

Até agora falei do carinho que uma pessoa recebe. Agora me proponho a falar do carinho que uma pessoa dá. Neste caso, existem também dois tipos diferentes: um deles traduz-se possivelmente na manifestação mais importante do entusiasmo pela vida, ao passo que o outro é uma manifestação de medo. O primeiro me parece inteiramente admirável, enquanto o segundo é, na melhor das hipóteses, um simples consolo. Se, em um belo dia de sol, estamos fazendo um passeio de barco, ao longo de um formoso litoral, admiramos suas praias e isso nos causa prazer.

O prazer decorre completamente desse gesto de olhar para fora e nada tem a ver com qualquer necessidade premente que possamos ter. Mas se o barco vira e precisamos nadar até a praia, isso nos inspira um novo tipo de afeto: o da segurança contra as ondas — e a beleza e a feiura do local deixam, então, de ser importantes. O melhor tipo de afeto é equivalente à sensação do homem cujo barco se acha seguro; o menos bom corresponde ao do náufrago que se vê obrigado a nadar. O primeiro desses dois tipos de afeto só é possível quando a pessoa se acha segura ou indiferente aos perigos que a cercam; o segundo tipo, ao contrário, é causado pela sensação de insegurança.

A sensação gerada pela insegurança é muito mais subjetiva e egocêntrica do que a outra, já que a pessoa amada é valorizada pelos serviços prestados e não por suas qualidades intrínsecas. Não tenho a intenção de afirmar que este tipo de afeto não desempenhe um papel legítimo na vida. Com efeito, quase todo afeto real combina algo de ambos os tipos e, se o afeto cura realmente a sensação de insegurança, o homem se vê livre para sentir novamente este interesse pelo mundo que se anula nos momentos de perigo e medo. Entretanto, mesmo reconhecendo o papel que este tipo de afeto desempenha na vida, persisto em sustentar que não é tão bom quanto o outro tipo, porque depende do medo, e ter medo é ruim e, além do mais, é um sentimento egocêntrico. O melhor tipo de afeto faz com que o homem espere uma nova felicidade e não o escape de uma antiga infelicidade.

O melhor tipo de afeto é reciprocamente vitalizador. Cada qual recebe carinho com alegria e o oferece sem esforço, e ambos acabam por achar o mundo mais interessante, como consequência dessa felicidade recíproca. Mas existe uma outra modalidade, que não é rara, na qual uma pessoa suga a vitalidade da outra. Uma recebe o que a outra dá, mas não oferece quase nada em troca. Algumas pessoas de extrema vitalidade pertencem a esse tipo vampírico. Extraem a energia vital de uma vítima após outra, mas, enquanto prosperam e se tornam cada vez mais interessantes, as pessoas de onde retiram sua vitalidade vão ficando apagadas e tristes. Essas pessoas utilizam os outros para seus próprios fins e nunca os consideram como um fim em si. Na verdade, não lhes interessam as pessoas que julgam amar em cada momento; só lhes interessa o estímulo para suas próprias atividades, que podem ser de tipo muito impessoal. Com certeza, isso se deve a algum defeito de caráter, mas seu diagnóstico e sua cura não são fáceis.

É uma característica que costuma estar associada com uma grande ambição — e eu diria que se baseia numa opinião exageradamente unilateral daquilo que constitui a felicidade humana.

O afeto, no sentido de autêntico interesse recíproco de duas pessoas — e não apenas como um meio para que cada qual obtenha benefícios, mas sim como um ajuste com vistas ao bem comum —, é um dos elementos mais importantes da autêntica felicidade, e o homem, cujo ego se encontra de tal forma encerrado entre muros de aço que não o deixa se expandir, perde o melhor que a vida pode oferecer, por maior que seja o êxito de sua carreira. A ambição que não inclui o afeto em seus planos costuma ser consequência de algum tipo de ressentimento ou ódio à raça humana, provocado por uma infância infeliz, por injustiças sofridas posteriormente ou por qualquer das causas que conduzem à mania de perseguição. Um ego demasiadamente forte é uma prisão da qual o homem deve escapar se quiser desfrutar plenamente do mundo. A capacidade de sentir afeto autêntico é um dos sinais de que alguém conseguiu escapar desse cárcere do ego. Receber afeto não é o bastante; o afeto que este alguém recebe deve liberar o afeto que deve ser dado em retribuição e só quando ambos existem em igual medida é que tornam realidade suas melhores possibilidades.

Os óbices psicológicos e sociais que inibem o florescimento do afeto recíproco são um grave mal de que o mundo tem padecido. As pessoas resistem a conceder seus afetos com medo de equivocar-se; e sentem dificuldade em dar amor, com medo de que a pessoa amada as faça sofrer, ou mesmo com medo de que o mundo lhes seja hostil. Alimentamos a cautela, tanto em nome da moral quanto em nome da sabedoria profana, e o resultado é que procuramos evitar a generosidade e o espírito aventureiro nas questões afetivas. Tudo isso tende a produzir timidez e ira contra a humanidade, já que muitas pessoas ficam privadas durante toda a sua vida de uma necessidade fundamental que, para 90% delas, é condição indispensável à felicidade e à possibilidade de uma atitude aberta para com o mundo. Não devemos supor que as pessoas consideradas imorais sejam superiores às outras nesse aspecto.

Nas relações sexuais quase nada há que possamos chamar de autêntico afeto; muitas vezes existe mesmo uma hostilidade básica. Cada qual procura não se entregar, tenta manter sua solidão fundamental, por pretender manter-se intacto e, por isso, o afeto não frutifica.

Tais experiências não têm nenhum valor fundamental. Não digo que devam ser evitadas, já que as medidas que precisariam ser tomadas para isso interfeririam também nas ocasiões em que poderia crescer um afeto mais valioso e profundo. Mas teimo em que as relações sexuais que possuem autêntico valor são aquelas em que não há reticências, em que as personalidades de ambas as pessoas se fundem em uma nova e única personalidade. Entre todas as formas de cautela, a cautela no amor é, possivelmente, a mais letal para a autêntica felicidade.

Capítulo XIII
Família

De todas as instituições herdadas do passado, nenhuma se acha na atualidade tão desorganizada e desencaminhada como a família. O amor dos pais pelos filhos e o dos filhos pelos pais pode ser uma das principais fontes de felicidade, mas o certo é que em nossos tempos as relações entre pais e filhos são, em 90% dos casos, uma fonte de infelicidade para ambas as partes e, em 99% dos casos, uma fonte de infelicidade para, pelo menos, uma das partes. Este fracasso da família, que já não proporciona a satisfação fundamental que, em princípio, poderia propiciar, é uma das causas mais profundas do descontentamento predominante em nossa época. O adulto que deseja ter um relacionamento feliz com seus filhos, ou dar-lhes uma vida feliz, deve refletir profundamente sobre a paternidade; e, depois de meditar, precisa agir com inteligência. O tema da família é demasiadamente amplo para ser tratado neste livro, exceto em relação com nosso problema particular, que é a conquista da felicidade. E, mesmo com relação a tal problema, só podemos falar de melhorias que estejam ao alcance de cada indivíduo, sem necessidade de alterar a estrutura social.

Naturalmente, esta é uma grave limitação, porque as causas da infelicidade familiar em nossos tempos são de tipos muito diversos: causas psicológicas, econômicas, sociais, educacionais e políticas. Nos setores mais acomodados da sociedade, dois fatores se combinaram para fazer com que as mulheres considerassem a maternidade como uma carga bem mais pesada do que o era no passado. Estes dois fatores são: por um lado, o acesso das mulheres solteiras ao trabalho profissional; e, por outro, a decadência do serviço doméstico. Nos velhos tempos, as mulheres se viam compelidas ao casamento para fugir das insuportáveis condições de vida das solteironas. A solteirona tinha de viver em casa, dependendo economicamente primeiro do pai e depois de algum irmão maldisposto. Não tinha o que fazer para ocupar as horas do dia e não contava com liberdade para se divertir fora das paredes protetoras da casa de família. Não tinha inclinação nem oportunidade para as aventuras sexuais, que considerava uma abominação, exceto dentro do casamento. Se, apesar de todas as precauções, perdia sua virtude por causa da lábia de algum astuto sedutor, sua situação tornava-se extremamente lamentável. Eis o que é dito no romance *O vigário de Wakefield*:

> *A única solução para ocultar sua culpa, para esconder sua vergonha de todos os olhares, para conseguir o arrependimento de seu amante e arrancar-lhe seu carinho é... a morte.*

A solteira moderna não acha necessário morrer em tais circunstâncias. Se teve uma boa educação, consegue viver com um certo desafogo, sem necessidade da aprovação dos pais. Desde que os pais perderam o poder econômico sobre as filhas, abstêm-se muito mais de externar sua desaprovação moral ao que elas fazem. Não faz muito sentido censurar uma pessoa que não liga para censuras. Dessa forma, a jovem solteira que tem uma profissão já pode, se sua inteligência e atrativos não se acham abaixo da média, desfrutar de uma vida agradável em todos os aspectos, desde que não ceda ao desejo de ter filhos. Se ceder a este desejo, será obrigada a casar-se e quase com certeza perderá seu emprego. E então descerá para um nível de vida muito mais baixo do que aquele a que estava acostumada, porque o mais provável é que o marido não ganhe mais do que ela ganhava antes e, com isso, precisa manter toda uma família em vez de apenas uma mulher. Depois de haver gozado de independência, torna-se humilhante ter que depender do outro para cada centavo de gastos necessários. Por todas essas razões, tais mulheres costumam resistir a ser mães. Aquela que, apesar de tudo, dá esse passo enfrenta um novo e perturbador problema que mulheres de gerações anteriores não tinham: a escassez e a má qualidade do serviço doméstico. Como consequência, fica presa em sua casa, obrigada a desincumbir-se de mil tarefas banais, indignas de suas aptidões e de sua formação. Ou, se não as fizerem, serão obrigadas a confrontos desgastantes com empregadas negligentes. No que se refere ao cuidado físico dos filhos, caso se tenha dado ao trabalho de informar-se bem, decidirá que é impossível, sem grave risco de danos, confiar os filhos a uma babá ou, inclusive, deixar em mãos de terceiros as mais elementares precauções em questão de limpeza e higiene, a menos que tenha condições de pagar uma enfermeira especializada em cuidados com crianças. Transtornada por uma montanha de minúcias, terá muita sorte se não perder logo seu encanto e quase toda sua inteligência. Quase sempre, pelo simples fato de estar realizando tarefas necessárias, tais mulheres se tornam um estorvo para os maridos e uma doença para os próprios filhos. Quando chega a noite, e o marido volta do trabalho, a mulher que fala de seus problemas torna-se monótona e a que não fala, displicente. Em relação aos filhos, os sacrifícios que foi obrigada a fazer para tê-los estão tão presentes em sua mente, que é quase certo que exija uma recompensa maior do que aquela que seria lógico esperar. Além disso, o constante hábito de dar atenção a fatos banais poderá torná-la briguenta e mesquinha. Esta é a mais perniciosa de todas as injustiças que tem de sofrer: exatamente por cumprir seu dever para com a família acaba perdendo o afeto desta, ao passo que, se não estivesse preocupada com isso — e continuasse sendo alegre e encantadora —, provavelmente não perderia o interesse dos seus.[6]

Tais problemas são basicamente econômicos, da mesma forma que outro igualmente grave. Refiro-me às dificuldades para encontrar moradia, devido à concentração populacional nas grandes cidades. Na Idade Média, as cidades eram tão rurais como o é agora o campo. As crianças ainda cantam a seguinte modinha infantil:

No campanário de São Paulo cresce uma árvore
toda carregada de maçãs.
As crianças de Londres vêm correndo
com paus para tirá-las.
E correm de sebe em sebe
até chegar à ponte de Londres.

O campanário de São Paulo já não existe e não sei quando desapareceram as sebes que havia entre o campanário e a ponte de Londres. Passaram-se muitos séculos desde que as crianças de Londres gozaram das brincadeiras que a modinha descreve, mas não faz muito tempo que a grande massa da população vivia no campo. Os povoados não eram muito grandes, era fácil sair deles e, não raro, as casas tinham hortas. Na Inglaterra de hoje a preponderância da população urbana sobre a rural é absoluta. Nos Estados Unidos essa preponderância não

---

[6] Este problema, no que diz respeito às classes profissionais, é examinado com grande penetração e competência em *The Retreat from Parenthood*, de Jean Ayling.

é enorme, mas tem aumentado com rapidez. Cidades como Londres e Nova York ficaram tão grandes que levamos muito tempo para sair delas. Os que moram na cidade têm que se conformar com um alojamento que naturalmente não tem um centímetro quadrado de terra ao lado e as pessoas, com poucos meios econômicos, têm que se conformar com um espaço mínimo. Se há filhos pequenos, a vida urbana é dura. Não há espaço para que as crianças brinquem nem para que os pais se protejam contra o barulho que elas fazem. Como consequência, os profissionais tendem cada vez mais a morar nos subúrbios. Sem dúvida, essa é a melhor opção do ponto de vista das crianças, mas aumenta consideravelmente a fadiga do pai e diminui bastante sua participação na vida familiar.

Não tenho a intenção de comentar esses graves problemas econômicos, já que são alheios à questão que nos interessa: o que pode fazer a pessoa aqui e agora para encontrar a felicidade. Ficaremos mais próximos deste problema ao considerarmos as dificuldades psicológicas que existem atualmente nas relações entre pais e filhos. Tais dificuldades fazem parte dos problemas colocados pela democracia. Nos velhos tempos, havia senhores e escravos; os senhores decidiam o que devia ser feito e, em geral, apreciavam os escravos, já que estes se ocupavam de sua felicidade. É plausível que os escravos odiassem seus amos, embora isso não fosse tão universal quanto a democracia quer que acreditemos. Mas, ainda que odiassem seus amos, estes não tomavam conhecimento disso e eram felizes. Tudo isso mudou com a aceitação geral da democracia: os escravos, que antes se resignavam, deixaram de resignar-se; os senhores, que antes não tinham a menor dúvida sobre seus direitos, começaram a duvidar de sua posição e a se sentirem inseguros. Isso produziu rusgas que trouxeram infelicidade para ambas as partes. Tudo o que estou dizendo não deve ser entendido como um argumento contra a democracia, porque problemas como os mencionados são sempre inevitáveis em toda transição importante. Mas não há sentido em negar o fato de que o mundo se torna muito incômodo durante as transições.

A mudança nas relações entre pais e filhos é um exemplo particular da expansão geral da democracia. Os pais já não estão seguros de seus direitos diante dos filhos; os filhos já não sentem que devam respeito a seus pais. A virtude da obediência, que anteriormente era exigida sem discussão, não está mais na moda e é justo que assim seja.

A psicanálise aterrorizou os pais cultos, que temem causar danos aos filhos sem querer. Se os beijam, podem gerar um complexo de Édipo; se não os beijam, podem provocar crises de ciúme. Se mandam os filhos fazer certas coisas, podem incutir-lhes um sentimento de culpa; se não o fazem, os filhos podem adquirir hábitos que os pais consideram indesejáveis. Quando veem seu bebê chupando o dedo polegar, concebem toda sorte de aterradoras inferências, mas não sabem o que fazer para impedir tal fato.

A paternidade, que antes era um triunfal exercício de poder, tornou-se temerária, ansiosa e cheia de dúvidas de consciência. Perderam-se os simples prazeres do passado, e isso ocorreu exatamente num momento em que, devido à nova liberdade das mulheres solteiras, a mãe teve que se sacrificar muito mais do que antes ao resolver ser mãe. Em tais circunstâncias, as mães conscientes exigem muito pouco dos filhos e as não conscientes exigem demais. As mães conscientes reprimem seu afeto natural e tornam-se tímidas; as não conscientes buscam nos filhos uma compensação pelos prazeres a que tiveram que renunciar. No primeiro caso, a parte afetiva da criança não é atendida; no segundo, recebe uma excessiva estimulação. Em ambos os casos falta algo daquela felicidade simples e natural que a família pode proporcionar quando funciona bem.

Em vista de todos esses problemas, é de estranharmos que diminua a taxa de natalidade? A diminuição da taxa de natalidade na população em geral alcançou um ponto indicativo de que a população começará logo a decrescer, mas entre as classes abastadas este ponto foi superado há muito, não apenas em um país, mas em praticamente todos os países mais civilizados. Não existem muitas estatísticas sobre a taxa de natalidade na classe abastada, mas podemos citar dados incluídos no livro de Jean Ayling, já mencionado. Parece que, em Estocolmo, entre os anos de 1919 e 1922, a fecundidade das mulheres profissionais era de apenas um terço da população geral e que, entre 1896 e 1913, os quatro mil licenciados da universidade norte-americana de Wellesley só tiveram uns três mil filhos, quando para evitar uma redução da população deveriam ter tido oito mil, sem que nenhum deles viesse a morrer prematuramente.

Não há dúvida de que a civilização criada pelas raças brancas possui esta curiosa característica: à medida que os homens e as mulheres a adotam, tornam-se estéreis. Os mais civilizados são os mais estéreis;

os menos civilizados são os menos estéreis; e entre essas duas faixas há toda uma gradação. Atualmente, os setores mais inteligentes das nações ocidentais estão se extinguindo. Dentro de poucos anos, as nações ocidentais em conjunto verão diminuir suas populações, a menos que sejam repostas com imigrantes de regiões menos civilizadas. E, à medida que os imigrantes absorvam a civilização do país adotivo, também estes se tornarão relativamente estéreis. É claro que uma civilização como essa é instável: se não for possível estimulá-la a se reproduzir, mais cedo ou mais tarde se extinguirá, cedendo o lugar a outra civilização em que o instinto de paternidade haja conservado força suficiente para impedir que a população diminua.

Em todos os países ocidentais, os moralistas de plantão têm procurado resolver esse problema mediante exortações e sentimentalismos. Por um lado, dizem que o dever de todo casal é ter tantos filhos quanto Deus queira, independentemente das expectativas de saúde e felicidade que tais filhos possam ter. Por outro lado, pregadores do sexo masculino não param de falar dos sagrados gozos da maternidade, tentando fazer com que as pessoas acreditem que uma família numerosa, cheia de crianças enfermas e pobres, é uma fonte de felicidade. Já o Estado contribui com o argumento de que precisamos de uma quantidade suficiente de buchas de canhão, pois como vão funcionar adequadamente todas essas maravilhosas e engenhosas armas de destruição se não há populações bastantes para aniquilar? Por estranho que pareça, do ponto de vista individual, um pai pode chegar a aceitar tais argumentos aplicados aos demais, mas continua fazendo ouvidos de mercador quando se trata dele próprio. A psicologia dos sacerdotes e dos patriotas fracassou. Os padres podem ter êxito enquanto conseguirem ameaçar com o fogo do inferno e encontrarem audiência, mas apenas uma pequena parte da população leva a sério essa ameaça. E nenhuma ameaça desse tipo é capaz de controlar a conduta em assunto tão particular.

Quanto ao Estado, seu argumento é simplesmente feroz demais. Pode haver quem concorde que os outros devam proporcionar buchas de canhão, mas não os sensibiliza a possibilidade de que seus próprios filhos sejam utilizados dessa maneira. Assim, o que o Estado pode fazer é tentar manter os pobres na ignorância, um esforço que, como o demonstram as estatísticas, vem fracassando visivelmente, exceto nos países ocidentais mais atrasados. Muito poucos homens e mulheres terão filhos motivados por seu senso de dever social, ainda que estivesse claro que existe tal dever social, o que não é verdade. Quando os homens e as mulheres têm filhos, fazem isso porque acreditam que estes contribuirão para sua felicidade ou porque não sabem como evitá-los. Esta última razão ainda é muito forte, embora sua influência venha diminuindo com rapidez. E nada há que o Estado e a Igreja possam fazer para evitar que essa tendência continue. Portanto, se queremos que as raças brancas sobrevivam, é necessário que a paternidade volte a ser capaz de tornar os pais felizes.

Se examinarmos a condição humana sem levar em conta as circunstâncias atuais, creio que ficará claro que a paternidade é psicologicamente capaz de proporcionar a maior e mais duradoura felicidade que possamos encontrar na vida. Sem dúvida, isso se aplica mais às mulheres do que aos homens, mas também se aplica aos homens num grau maior do que pretendem acreditar quase todos os homens de hoje. É algo bastante natural em quase toda a literatura anterior a nossa época. Hécuba preocupa-se mais com seus filhos do que Príamo. MacDuff ama mais seus filhos do que sua esposa. No Antigo Testamento, homens e mulheres desejam fervorosamente deixar descendência; na China e no Japão, tal atitude tem persistido até nossos dias. Diríamos que esse desejo é devido ao culto dos antepassados, mas para mim o que acontece é exatamente o contrário: o culto dos antepassados é um reflexo do interesse que colocamos na persistência da família.

Voltando às mulheres profissionais de que falei há pouco, fica evidente que o instinto de ter filhos deve ser muito forte, pois do contrário nenhuma delas faria os sacrifícios necessários para satisfazê-lo. Em meu caso pessoal, a paternidade me propiciou uma felicidade maior do que qualquer outra que eu tenha experimentado. Acho que, quando as circunstâncias obrigam os homens ou as mulheres a renunciar a essa felicidade, fica-lhes uma necessidade muito profunda por satisfazer e isso provoca uma sensação de descontentamento e de indiferença, cuja causa pode permanecer totalmente desconhecida. Para ser feliz neste mundo, sobretudo quando a juventude já passou, é necessário sentir que a pessoa não é apenas um indivíduo isolado cuja vida terminará logo, senão que faz parte do rio da vida, que flui desde a primeira célula até o remoto e desconhecido futuro.

Como sentimento consciente, expresso em termos rigorosos, é claro que isso carrega consigo uma visão do mundo intelectual e supercivilizado, mas como vaga emoção instintiva é algo primitivo e natural — e não senti-la é que é supercivilizado.

Um homem capaz de grandes proezas, tão notáveis que deixem sua marca em épocas futuras, pode satisfazer essa tendência por meio de seu trabalho, mas para os homens e mulheres que carecem de dotes excepcionais, o único modo de conseguir isso é tendo filhos. Aqueles que deixaram atrofiar seus impulsos procriativos afastaram-se do rio da vida e, ao fazê-lo, correram grave perigo de murcharem. Para eles, a menos que sejam excepcionalmente impessoais, com a morte acaba tudo. O mundo que haverá depois deles não lhes interessa, e, por isso, tudo o que façam parece banal e sem importância. Para o homem ou a mulher que têm filhos e netos, aos quais destinam seu afeto natural, o futuro é importante, pelo menos enquanto durem suas vidas, não só por motivos morais ou por um esforço da imaginação, mas também de um modo natural e instintivo. E se os homens podem estender tanto seus interesses, até além de suas vidas pessoais, é quase certo que possam estendê-los ainda mais. Como Abraão, ficarão alegres em pensar que seus descendentes herdarão a terra prometida, ainda que leve várias gerações para que isso ocorra. E, graças a tais sentimentos, livram-se da sensação de futilidade que de outra forma anularia todas as suas emoções.

A base da família é naturalmente o fato de que os pais sentem um tipo de afeto especial pelos filhos, diferente do que sentem entre si ou pelas outras crianças. É certo que alguns pais têm pouco ou nenhum amor paterno e, também, é certo que algumas mulheres são capazes de querer bem aos filhos dos outros quase tanto como querem aos seus próprios. Não obstante, continua de pé o fato geral de que o amor dos pais é um tipo especial de sentimento que o ser humano normal experimenta para com seus próprios filhos, mas não para com nenhum outro ser humano. Trata-se de emoção que herdamos de nossos antepassados animais. Em tal aspecto, parece-me que a visão de Freud não era suficientemente biológica, pois qualquer um de nós que observe uma mãe animal com seus filhotes pode perceber que o comportamento dela para com eles obedece a um critério totalmente diferente daquele que tem para com o macho com o qual mantém relações sexuais.

E esse mesmo critério diferente e instintivo, embora em uma forma modificada e menos definida, também acontece com os seres humanos.

Se não fosse por essa emoção especial, não haveria muito o que dizer sobre a família como instituição, já que se poderia entregar os filhos aos cuidados de profissionais. Mas, tal como são as coisas, o amor especial que os pais sentem por seus filhos, sempre que seus instintos não se achem atrofiados, tem um grande valor para os próprios pais e seus filhos. No caso destes últimos, o valor do amor dos pais consiste em que ele é mais seguro do que qualquer outro afeto. Uma pessoa gosta de seus amigos por causa dos méritos destes, e gosta do ser amado por seus encantos. Se os méritos e o encanto diminuírem, os amigos e as pessoas amadas podem desaparecer. Mas é precisamente nos momentos de desgraça que mais podemos confiar nos pais: em tempos de enfermidade e de vergonha, se os pais são como devem ser.

Todos nós sentimos prazer quando somos admirados por nossos méritos, mas no fundo costumamos ser bastante humildes para nos darmos conta de que tal admiração é precária. Nossos pais nos querem porque somos seus filhos, e isso é um fato inalterável, de modo que nos sentimos mais seguros com eles do que com qualquer outra pessoa. Em tempos de êxito, isso pode não parecer importante, mas em tempos de fracasso proporciona um consolo e uma segurança que não encontramos em nenhum outro lugar.

Em todas as relações humanas é bastante fácil garantir a felicidade de uma das partes, mas é mais difícil garantir a felicidade das duas. Um carcereiro sente-se feliz sabendo que mantém seu prisioneiro bem-guardado; um chefe experimenta prazer tratando mal seus subordinados; um ditador obtém plena satisfação governando o povo com mão de ferro; e, sem dúvida, até os pais de antigamente gostavam de ensinar a virtude aos filhos com a ajuda de um porrete. No entanto, esses prazeres são unilaterais; para a outra parte a situação é menos agradável.

Logo nos convencemos de que tais prazeres unilaterais têm algo que se mostra insatisfatório: cremos que uma boa relação humana deveria ser satisfatória para ambas as partes. Isso se aplica sobretudo às relações entre pais e filhos, e o resultado é que os pais recebem menos prazer do que antes, ao passo que os filhos, hoje, sofrem menos nas mãos de seus pais do que em gerações passadas. Não acredito que haja algum motivo real para que os pais obtenham menos felicidade de seus filhos do que em outras épocas, embora esteja claro que é o que vem acontecendo na atualidade. Tampouco acredito que exista algum motivo para que os pais não aumentem a felicidade de seus filhos. Só que isso exige, da mesma forma que todas as relações de igualdade a que aspira o mundo moderno, certa delicadeza e ternura, certo respeito pela outra personalidade — e o caráter belicoso da vida normal não favorece tal comportamento.

Vamos examinar a alegria da paternidade, primeiro em sua essência biológica e, depois, aquela a que pode chegar a ter um pai inspirado por esse tipo de atitude para com outras personalidades, sugerido como imprescindível para um mundo que acredita na igualdade.

A raiz originária do prazer da paternidade é dual. Por um lado, temos a sensação de que uma parte do próprio corpo se exteriorizou, prolongando sua vida para além da morte do resto de nosso corpo e com possibilidades de exteriorizar, por sua vez, parte de si próprio do mesmo modo e, assim, assegurar a imortalidade do plasma germinal. Por outro lado, há uma mistura perfeita de poder e ternura. A nova criatura se acha indefesa e sentimos o impulso de atender a suas necessidades, um impulso que não só satisfaz o amor dos pais pelo filho, mas também o desejo de poder dos pais. Enquanto a criança não pode cuidar de si, as atenções que recebe não são altruístas, já que equivale a protegermos uma parte vulnerável de nós próprios.

Entretanto, já desde cedo começa a existir um conflito entre o afã de poder paternal e o interesse pelo bem da criança, visto que, embora o poder sobre a criança seja até certo ponto imposto pela situação, também é desejável que ela aprenda, quanto antes, a ser independente em todos os aspectos possíveis, o que contraria a ânsia de poder dos pais. Alguns pais nunca chegam a ficar conscientes desse conflito e continuam comportando-se como tiranos até que os filhos estejam em condições de se rebelarem. Outros, diferentemente, estão conscientes disso e, como consequência, ficam presas de emoções contraditórias. E neste conflito a felicidade parental é perdida.

Depois de todos os cuidados que dedicaram ao filho, descobrem com tristeza que, na verdade, este ficou diferente do que esperavam. Queriam que fosse militar e ele se revela um pacifista; ou, como no caso de Tolstói, queriam que fosse pacifista e o que ele faz antes de tudo é alistar-se no exército. Mas não é apenas nessa idade posterior de sua vida que surgem as dificuldades. Se damos de comer a uma criança que já é capaz de comer sozinha, antepomos a ânsia de poder ao bem-estar dela, embora pareça que estamos sendo apenas amáveis, prevenindo-a contra uma moléstia. Se lhe fazemos muito medo ao adverti-la sobre os perigos da vida, provavelmente agimos estimulados pelo desejo de mantê-la dependente de nós.

Se lhe damos mostras de afeto esperando uma resposta, provavelmente estamos tratando de prendê-la a nós por meio de suas emoções. O impulso possessivo dos pais desencaminha uma criança de várias maneiras, grandes e pequenas, a menos que tenham muito cuidado ou sejam puros de coração. Os pais modernos, conscientes de tais perigos, perdem às vezes a confiança em sua capacidade de cuidar dos filhos e o resultado é pior do que se permitissem erros espontâneos, porque nada perturba mais uma criança do que a falta de segurança e de confiança em si própria. Assim, é melhor ser puro do que cuidadoso.

Os pais que realmente desejam mais o bem da criança do que exercer poder sobre ela não precisam de livros de psicologia que lhes digam o que devem ou não fazer, porque seus instintos os guiarão corretamente. E, neste caso, a relação entre pais e filhos será harmoniosa do princípio ao fim, sem provocar rebeldia no filho nem sentimentos de frustração nos pais. Mas para isso é necessário que os pais, desde o princípio, respeitem a personalidade do filho, um respeito que não deve ser simples questão de princípios morais ou intelectuais, mas sim algo que sintam na alma, com convicção quase mística, de tal modo que seja totalmente impossível mostrarem-se possessivos ou opressores. Claro que essa atitude não é desejável apenas para com os filhos: é bastante necessária no casamento e também na amizade, embora nesta última não seja tão difícil. Em um mundo ideal, poderia igualmente ser aplicável às relações políticas entre grupos de pessoas, embora tal esperança pareça tão remota que é melhor não pensarmos nisso. No entanto, ainda que esse tipo de afeto seja necessário em todas as partes, é muito mais importante quando se trata de filhos, porque são seres indefesos e porque seu pequeno tamanho e escassa força fazem com que as almas vulgares os desprezem.

Mas, voltando ao problema que nos interessa neste livro, a alegria total da paternidade só pode ser alcançada no mundo moderno por aqueles que sintam genuinamente esta atitude de respeito para com o filho, porque não terão qualquer problema em reprimir sua ânsia de poder nem precisarão recear a amarga desilusão que experimentam os pais despóticos quando seus filhos ganham liberdade. Para o pai que tenha a atitude que estou preconizando, haverá alegrias que nunca estiveram ao alcance dos déspotas nos tempos de apogeu da autoridade paterna, pois o amor, que a nobreza expurgou de qualquer tendência à tirania, pode propiciar uma alegria melhor, mais terna, mais capaz de transmutar os metais vulgares da vida cotidiana no ouro puro do êxtase místico do que qualquer outra das emoções que possa sentir o homem que continua lutando e esforçando-se por manter sua autoridade neste mundo escorregadio.

Embora eu conceda muita importância às emoções dos pais, não encampo a opinião tão disseminada de que as mães devem fazer pessoalmente tudo o que possam por seus filhos. Isso se justificava nos tempos em que nada era sabido a respeito do cuidado para com os filhos, além de um sem-número de conselhos anticientíficos que as mais velhas transmitiam às jovens. Atualmente, há muitos aspectos da maneira de cuidar das crianças que é melhor deixarmos nas mãos de especialistas que se dedicaram ao assunto.

Na rubrica "educação", aceitamos com facilidade o que eu disse no parágrafo acima. Ninguém vai esperar, por exemplo, que uma mãe ensine cálculos matemáticos a seu filho. No que diz respeito à aquisição de conhecimentos intelectuais, todos concordam em que as crianças aprenderão melhor com pessoas mais bem-preparadas do que as mães. No entanto, em muitos outros aspectos do cuidado para com os filhos, tal opinião não é aceita, porque ainda não reconhecemos que precisamos de experiência para isso.

Sem qualquer dúvida, existem certos ensinamentos que é melhor deixarmos sob a responsabilidade das mães, mas, à medida que a criança cresce, haverá, cada vez mais, outros aspectos com possibilidade de melhor tratamento por outras pessoas. Se todos aceitassem isso, as mães evitariam uma grande quantidade de trabalho que, para elas, mostra-se bastante cansativa, porque lhes falta competência profissional nesse campo. Uma mulher que tenha adquirido algum tipo de habilidade profissional deveria, por seu próprio bem e pelo da comunidade, ter liberdade para continuar exercendo sua profissão, não obstante a maternidade. Certamente não poderá fazê-lo durante os últimos meses da gravidez e durante o aleitamento, mas uma criança de mais de nove meses não deveria constituir uma barreira insuperável para a atividade profissional de sua mãe. Sempre que a sociedade exija que uma mãe se sacrifique por seu filho além do razoável, a mãe, se não for excepcionalmente santa, esperará de seu filho mais compensações do que seria justo esperar. As mães que temos o hábito de chamar de sacrificadas são, na maioria dos casos, extremamente egoístas para com os filhos, porque, embora a maternidade seja um elemento muito importante da vida, não se revela satisfatória se constitui a única coisa que haja na vida, e os insatisfeitos tendem a ser emocionalmente avaros.

Por isso é importante, pelo bem dos filhos e das mães, que a maternidade não a prive de todos os demais interesses e ocupações.

Se possui autêntica vocação para cuidar dos filhos e dispõe dos conhecimentos necessários para fazê-lo bem, teríamos que aproveitar mais seu talento, contratando-a profissionalmente para que cuidasse de um grupo de crianças, no qual poderiam estar até mesmo as suas. É justo que os pais que cumprem os requisitos mínimos exigidos pelo Estado decidam a maneira como vão ser criados seus filhos e por quem, desde que isso seja feito por pessoas qualificadas. No entanto, não deveríamos ter o costume de exigir de todas as mães que façam o que outras mulheres poderiam fazer melhor. As mães que se acreditam atrapalhadas e incompetentes quando enfrentam os cuidados para com os filhos — e isso acontece com muitas mães — não deveriam hesitar em transferir o cuidado dos filhos às mulheres com aptidão e formação adequada para isso.

Não existe um instinto de origem celestial que ensine às mulheres o que têm de fazer com seus filhos e, além de certo ponto, a solicitude não passa de um disfarce do desejo de posse. Muitas crianças tiveram graves problemas psicológicos por causa do tratamento ignorante e sentimental que lhes deram suas próprias mães. Sempre admitimos que não devemos esperar que o pai faça muito por seus filhos, e, ainda assim, os filhos costumam gostar tanto do pai quanto da mãe. No futuro, a relação mãe-filho se parecerá bastante com aquela que os filhos têm atualmente com seu pai, e dessa forma a mulher se livrará de uma escravidão que não faz sentido, ao passo que as crianças se beneficiarão do conhecimento científico que se vai acumulando no que concerne ao cuidado de suas mentes e de seus corpos nos primeiros anos de vida.

Capítulo XIV

Trabalho

É possível que não esteja muito claro se o trabalho deve ser contado entre as causas da felicidade ou da infelicidade. Há, realmente, muitos trabalhos extremamente desagradáveis e, também, o excesso de trabalho é sempre algo muito penoso. Quanto a mim, acredito que, se o trabalho não é excessivo, para a maioria das pessoas a tarefa mais enfadonha é melhor do que nenhuma tarefa. Há toda uma gradação no trabalho, desde o mero alívio do tédio até os prazeres mais intensos, dependendo do tipo de trabalho e das aptidões do trabalhador. A maior parte do trabalho que quase todo mundo precisa fazer não tem interesse algum em si, mas até mesmo esse tipo de trabalho apresenta grandes vantagens. Para começar, ocupa muitas horas do dia, sem necessidade de decidirmos o que há para fazer. A maioria das pessoas que se vê livre para ocupar seu tempo como quiser fica indecisa, sem que lhe ocorra a ideia de algo suficientemente agradável que valha a pena ser feito. E, qualquer que seja a decisão, aparece a desagradável sensação de que teria sido melhor fazer algo diferente.

A capacidade de sabermos empregar de forma inteligente nosso tempo livre é o último produto da civilização e, por enquanto, há poucas pessoas que alcançaram esse patamar. Além disso, termos que decidir já é tarefa desagradável. Excetuando as pessoas com iniciativa fora do comum, quase todas preferem que lhes seja dito o que precisa ser feito a cada hora do dia, desde que as ordens não se mostrem desagradáveis. Quase todos os ricos ociosos padecem de um aborrecimento insuportável e este é o preço que pagam por se livrarem dos trabalhos penosos. Às vezes encontram alívio caçando na África ou dando a volta ao mundo de avião, mas o número de sensações desse tipo é limitado, sobretudo quando já não são mais jovens. Por isso os ricos mais inteligentes trabalham quase tão duro como se fossem pobres e a maior parte das mulheres ricas se mantém ocupada em inumeráveis frivolidades, de cuja transcendente importância está firmemente convencida.

O trabalho é desejável, antes de tudo e sobretudo, como preventivo do tédio, porque o tédio que uma pessoa sente quando está fazendo um trabalho necessário, mas pouco interessante, nada é em comparação com o aborrecimento que sente quando não há o que fazer. Tal vantagem vem acompanhada de outra: torna os dias de festa muito mais felizes. Se o trabalho não é tão duro que deixe a pessoa sem forças, o trabalhador tirará de seu tempo livre muito mais prazer do que o ocioso.

A segunda vantagem de quase todos os trabalhos remunerados e de alguns não remunerados é que oferecem possibilidades de êxito e dão oportunidade à ambição. Em quase todos os trabalhos, o êxito é aquilatado pelos ganhos, e isso será inevitável enquanto durar nossa sociedade capitalista. Somente nos melhores trabalhos é que não funciona tal critério de avaliação. Nessa ânsia de ganhar mais que os homens sentem, intervêm tanto o desejo de êxito como os dos luxos adicionais que poderiam obter com mais dinheiro. Por mais aborrecido que se revele um trabalho, ele se torna suportável caso ofereça a possibilidade de propiciar uma boa reputação, tanto em âmbito mundial quanto apenas no círculo privado. A persistência nos propósitos é um dos ingredientes mais importantes da felicidade a longo prazo e, para a maioria dos homens, isso se consegue principalmente no trabalho. Neste aspecto, as mulheres cuja vida é dedicada às tarefas do lar são muito menos afortunadas do que os homens e do que as mulheres que trabalham fora. A mulher do lar não ganha salário, não tem possibilidades de prosperar, seu marido — que praticamente nada vê do que ela faz — considera que tudo isso é natural e não a valoriza por seu trabalho doméstico, mas sim por outras qualidades. Claro que tal critério não se aplica às mulheres com suficientes meios econômicos para mandar construir casas magníficas com jardins suntuosos, que se tornam a inveja de seus vizinhos. Mas são poucas tais mulheres e, para a grande maioria, os trabalhos domésticos não podem proporcionar tantas satisfações quanto as que obtêm de seu trabalho os homens e as mulheres com uma profissão.

Quase todos os trabalhos proporcionam a satisfação de matar o tempo e de oferecer alguma saída à ambição, por mais humilde que seja, e essa satisfação basta para que inclusive aquele que tem um trabalho aborrecido seja, a médio prazo, mais feliz do que aquele que não pode contar com isso. Mas quando o trabalho é interessante, propicia satisfações de um grau superior ao simples alívio do tédio. Os tipos de trabalho com algum interesse podem ser ordenados hierarquicamente. Começarei pelos que são apenas ligeiramente interessantes e terminarei pelos mais dignos de absorver todas as energias de um grande homem.

São dois os principais elementos que fazem interessante um trabalho: o primeiro é o exercício de uma habilidade; o segundo, a construção.

Todo aquele que adquiriu uma habilidade pouco comum sente prazer em exercitá-la até que a domine sem esforço ou que já não possa aperfeiçoá-la. Esta motivação para a atividade começa na primeira infância: o menino que sabe plantar bananeira acaba perdendo o gosto de andar com os pés. Muitos trabalhos proporcionam o mesmo prazer que os jogos de habilidade. O trabalho de um advogado ou de um político deve produzir um prazer similar ao que experimentamos ao jogar *bridge*, mas de uma forma mais agradável. Naturalmente, aqui não se trata apenas de um exercício de habilidade, mas de superação de um adversário hábil. Porém, ainda que não exista este elemento de competição, a execução de proezas difíceis nos é sempre agradável.

O homem capaz de fazer acrobacias com um aeroplano experimenta um prazer tão grande que, por ele, está disposto a arriscar a vida. Imagino que um bom cirurgião, malgrado as dolorosas circunstâncias em que realiza seu trabalho, obtém satisfação da requintada precisão de suas operações. O mesmo tipo de prazer, embora de forma menos intensa, é obtido em muitos trabalhos de natureza mais humilde. Já ouvi falar até de homens que gostam do trabalho de abrir poços. Todo trabalho que exija habilidade pode causar prazer, desde que a habilidade requerida seja variável ou possa ser indefinidamente aperfeiçoada. Sem tais condições, o trabalho deixará de ser interessante quando a pessoa alcançar o grau máximo de habilidade. O atleta bem-sucedido em corridas de cinco mil metros rasos deixará de obter prazer com essa ocupação quando chegar a uma idade em que já não lhe for possível bater suas marcas anteriores. Felizmente existem muitíssimos trabalhos em que as novas circunstâncias exigem novas habilidades — e uma pessoa pode continuar melhorando, pelo menos até alcançar a idade madura. Em alguns tipos de trabalhos qualificados, como a política, por exemplo, parece que a melhor idade do homem se acha entre os sessenta e os setenta anos; o motivo é que nessa classe de profissões é imprescindível ter uma grande experiência no trato com os demais. Por isso os políticos bem-sucedidos podem ser mais felizes aos setenta anos do que outros homens da mesma idade. Seus únicos concorrentes nesse aspecto são os que dirigem grandes negócios.

Os melhores trabalhos têm outro elemento que é ainda mais importante como fonte de felicidade do que o exercício de uma habilidade: o elemento construtivo. Em alguns trabalhos, embora sejam poucos, construímos algo que fica como monumento depois de terminada a tarefa. Podemos distinguir a construção da destruição pelo seguinte critério: a construção, em seu estado inicial, é relativamente caótica, mas seu resultado encarna um propósito; a destruição ocorre diferentemente: seu estado inicial encarna um propósito e o resultado é que é caótico, ou seja, o único objetivo do destruidor é criar um estado de coisas que não encarne um determinado propósito. Este critério se aplica ao caso mais literal e óbvio que é a construção de prédios. Para construir um edifício, seguimos um plano previamente traçado, ao passo que, ao derrubá-lo, ninguém decide como ficarão exatamente os materiais depois da demolição. Lembremos que muitas vezes a destruição é necessária como passo prévio para uma futura construção; neste caso, faz parte de um todo que é construtivo.

De qualquer maneira, não é raro que as pessoas se dediquem a atividades cujos propósitos são destrutivos, sem relação com nenhuma construção que possa ocorrer posteriormente. Frequentemente, enganam-se, teimando em acreditar que estão apenas preparando o terreno para depois construir algo novo, mas em geral é possível desmascarar esse engano — quando se trata de um engano — perguntando-lhes o que vão construir depois. Veremos então que se perdem naquilo que dizem e falam sem entusiasmo, ao passo que da destruição preliminar falavam com entusiasmo e precisão. Isto se aplica a não poucos revolucionários, militaristas e outros apóstolos da violência. Agem motivados pelo ódio, geralmente sem que eles próprios o saibam; seu verdadeiro objetivo é a destruição daquilo que odeiam e se mostram relativamente indiferentes à questão do que virá em seguida.

Não posso negar que é possível sentir prazer com um trabalho de destruição, da mesma forma que sentimos prazer com um trabalho de construção. É um prazer mais feroz, possivelmente mais intenso em alguns momentos, mas que não produz uma satisfação tão profunda, pois o resultado não se apresenta satisfatório. Você mata seu inimigo, e, depois que este se acha morto, já não tem o que fazer, e a satisfação obtida pela vitória evapora-se rapidamente. Em troca, sempre que você termina um trabalho construtivo, há o prazer de contemplá-lo, e, além disso, a construção nunca está tão completa que você não possa acrescentar mais um toque aqui e ali. As atividades mais satisfatórias são as que conduzem indefinidamente de um êxito a outro sem nunca chegar a um beco sem saída; e, nesse aspecto, é fácil comprovar que a construção é uma fonte de felicidade maior do que a destruição. Talvez fosse mais correto dizer que aqueles que encontram satisfação na construção ficam mais satisfeitos do que os que se comprazem na destruição, porque quando estes estão repletos de ódio não lhes é fácil obter da construção o prazer que obteria com ela uma outra pessoa.

Além disso, poucas coisas são tão eficazes para curar o hábito de odiar como a oportunidade de fazer algum trabalho construtivo importante.

A satisfação que produz o êxito em uma grande empresa construtiva é uma das maiores que podemos encontrar na vida, embora desgraçadamente suas formas mais elevadas só estejam ao alcance de pessoas com aptidões excepcionais. Ninguém pode tirar de ninguém a felicidade que provoca haver feito bem um trabalho importante, a não ser que lhe seja demonstrado que, na verdade, todo o seu trabalho está malfeito. Tal satisfação pode apresentar muitas formas. O homem que projeta um plano de irrigação, com o qual consegue desenvolver a agricultura em pleno deserto, desfruta a satisfação em uma de suas formas mais tangíveis.

A criação de uma organização pode ser um trabalho de suprema importância. O mesmo acontece com o trabalho desses poucos estadistas que dedicaram suas vidas a criar ordem a partir do caos, dos quais Lenin é o expoente máximo em sua época. Os exemplos mais óbvios são os artistas e os homens de ciência. Shakespeare disse de seus poemas: "Viverão enquanto os homens respirarem e os olhos puderem ver." E não pode haver dúvidas de que esse pensamento o consolava em tempos de desgraça. Em seus sonetos, insiste em que pensar em seu amigo o reconciliava com a vida, mas não posso deixar de suspeitar que os sonetos que ele escreveu para o amigo foram mais eficazes para esse propósito do que o próprio amigo em si.

Os grandes artistas e os grandes homens de ciência fazem um trabalho que por si só é prazeroso; enquanto o fazem, ganham a admiração das pessoas cujo respeito vale a pena, respeito este que lhes proporciona o tipo mais importante de poder: o poder sobre os pensamentos e os sentimentos de outros. Além disso, têm excelentes razões para pensar bem de si próprios. Qualquer um pensaria que essa combinação de circunstâncias favoráveis seria suficiente para tornar qualquer homem feliz. Mas não é o caso. Michelangelo, por exemplo, foi um homem terrivelmente infeliz e sustentava — embora eu esteja seguro de que não era verdade — que nunca teria se preocupado em produzir obras de arte caso não fosse obrigado a pagar as dívidas de seus parentes pobres. A capacidade de produzir grandes obras de arte, não raro, anda junto, embora não seja sempre, com uma infelicidade temperamental tão grande que, se não fosse o prazer que o artista obtém com sua obra, o levaria ao suicídio. Portanto, não podemos dizer que uma grande obra, ainda que seja a melhor de todas, torna um homem feliz; só podemos dizer que consegue fazê-lo menos infeliz. Por outro lado, os homens de ciência costumam ter um temperamento menos propenso à desventura do que o dos artistas e, como regra geral, os grandes cientistas são homens felizes que devem sua felicidade principalmente a seu trabalho.

Uma das causas da infelicidade entre os intelectuais de nossa época é que muitos deles, sobretudo os que possuem talento literário, não acham ocasião de exercer seu talento de maneira independente e precisam se filiar a ricas empresas, dirigidas por filisteus, que insistem em fazê-los produzir o que eles consideram tolices perniciosas. Se fizéssemos uma pesquisa entre jornalistas da Inglaterra e dos Estados Unidos, perguntando-lhes se acreditam na política do jornal para o qual trabalham, creio que ficaria comprovado que só uma minoria responde que sim; o resto, para ganhar a vida, prostitui seu talento em um trabalho que considera daninho. Este tipo de trabalho não proporciona nenhuma satisfação autêntica; e para reconciliar-se com isso o homem tem que se tornar tão cínico que mais nada lhe produz uma satisfação saudável. Não posso condenar os que se dedicam a esse tipo de trabalho, porque morrer de fome é uma alternativa demasiadamente dura. Todavia acredito que, se alguém tem a possibilidade de fazer um trabalho que satisfaça seus impulsos construtivos sem experimentar fome demais, agirá bem, em termos de sua felicidade, escolhendo esse trabalho no lugar de outro mais bem-pago, mas que não lhe pareça digno de ser feito. Sem autorrespeito, a felicidade é praticamente impossível. E o homem que se envergonha de seu trabalho dificilmente poderá respeitar a si próprio.

A satisfação do trabalho construtivo é privilégio de uma minoria, mas, considerando bem, pode ser privilégio de uma minoria bastante grande. Ela é sentida por aquele que é seu próprio chefe e, também, por todos aqueles cujo trabalho lhes parece útil e requer uma considerável habilidade.

A criação bem-sucedida dos filhos é um trabalho construtivo muto difícil, que pode produzir uma enorme satisfação. Qualquer mulher que tenha conseguido isso sente que, como resultado de seu trabalho, o mundo contém algo de valor que de outro modo não conteria.

Os seres humanos são bem diferentes entre si no que se refere à tendência a considerar suas vidas como um todo. Alguns o fazem de maneira natural e consideram que para ser feliz é imprescindível fazê--lo com alguma satisfação. Para outros, a vida é uma série de incidentes desconexos, sem rumo nem unidade. Creio que os primeiros têm mais possibilidades de alcançar a felicidade do que os segundos, porque, pouco a pouco, aqueles vão acumulando circunstâncias das quais podem obter satisfação e autoestima, ao passo que estes outros se veem arrastados de um lado para outro pelos ventos das circunstâncias, ora aqui, ora acolá, sem chegar nunca a um porto seguro. Acostumarmo-nos a ver a vida como um todo é um requisito indispensável para a sabedoria e a moral autêntica, algo que deveria fazer parte da educação formal. A persistência nos propósitos não é suficiente para que uma pessoa se torne feliz, mas é uma condição quase indispensável para uma vida feliz. E a persistência nos propósitos encarna-se sobretudo no trabalho.

Capítulo XV

Interesses impessoais

O que me proponho examinar neste capítulo não são os grandes interesses em torno dos quais se constrói a vida de um homem, mas sim os interesses menores com que preenche seu tempo livre e que podem contribuir para aliviá-lo das tensões de suas preocupações mais sérias. Na vida do homem comum, os assuntos que ocupam a maior parte de seus pensamentos ansiosos e sérios são a esposa e os filhos, o trabalho e a situação financeira. Mesmo que tenha aventuras amorosas extraconjugais, possivelmente não lhe importam tanto quanto seus efeitos sobre sua vida familiar. Por enquanto, não considerarei como interesses impessoais aqueles que se acham relacionados com o trabalho. Um homem de ciência, por exemplo, precisa estar sabendo das investigações que estão sendo feitas em seu próprio campo de estudo. Seus sentimentos para com elas possuem o calor e a intensidade peculiares a algo cerradamente relacionado com sua carreira. Todavia, se tiver que ler sobre investigações em outra ciência que não guarde relação com sua especialidade, ele o fará com uma atitude totalmente distinta, não profissional, com menos espírito crítico, mais desinteressadamente. Embora não seja por isso que deixe de usar o cérebro para apreender o que é dito, esse tipo de leitura serve para que ele relaxe um pouco, porque não diz respeito aos objetos de sua preocupação maior. Se o livro lhe interessa, seu interesse é impessoal, em um sentido que não pode ser aplicado aos livros que tratam de sua especialidade. Desses interesses, que escapam às atividades principais da vida, é que tenciono falar no presente capítulo.

Uma das fontes de infelicidade, fadiga e tensão nervosa é a incapacidade de nos interessarmos por aquilo que não tem importância prática em nossas vidas. O resultado é que a mente consciente não repousa, sempre ocupada em um pequeno número de assuntos, cada um dos quais implicando provavelmente alguma ansiedade e um certo grau de preocupação. Exceto durante o sono, nunca permitimos à mente consciente esvaziar-se um pouco para que os pensamentos subconscientes amadureçam paulatinamente sua sabedoria. Esse comportamento causa excitabilidade, falta de sagacidade, irritabilidade e perda do senso de proporção. E tudo isso, por sua vez, é causa e efeito da fadiga. Quanto mais cansada se acha uma pessoa, menos interesse terá pelas coisas exteriores; e, ao diminuir seu interesse, diminui igualmente o alívio que tais coisas propiciavam antes, o que faz com que acabe por sentir-se ainda mais cansada. Este círculo vicioso só pode conduzir ao esgotamento nervoso.

Os interesses exteriores são tranquilizantes porque não exigem nenhuma ação. Tomar decisões e realizar atos de vontade são atividades cansativas, sobretudo se têm que ser feitas às pressas e sem a ajuda do subconsciente. Estão certos todos aqueles que dizem que as decisões importantes devem ser "consultadas com o travesseiro". Mas não é apenas durante o sonho que podem funcionar os processos mentais subconscientes. Também podem funcionar quando a mente consciente está ocupada com outros pensamentos. A pessoa capaz de esquecer seu trabalho ao término do expediente e de não voltar a pensar nele senão no dia seguinte, com toda a certeza se desincumbirá de suas tarefas melhor do que aquela que não para de pensar em seu trabalho, mesmo nas horas vagas. E é sempre mais fácil esquecer o trabalho, quando é conveniente esquecê-lo, se temos outros interesses além dele. É imprescindível que esses interesses não nos obriguem a aplicar as mesmas faculdades que ficaram esgotadas pela jornada de trabalho. Não devem exigir força de vontade nem decisões rápidas, não devem ter caráter financeiro, como acontece com o jogo, e, em geral, não devem ser tão excitantes que nos provoquem fadiga emocional e nos tragam preocupações ao subconsciente, mais do que à mente consciente.

Há muitas distrações que preenchem tais condições. As partidas de futebol ou de outro esporte qualquer, o teatro, o golfe são irrepreensíveis desse ponto de vista. Se uma pessoa é aficionada pelos livros, a leitura não relacionada com sua atividade profissional se revelará bastante satisfatória. Por mais importantes que sejam nossas preocupações, não devemos pensar nelas durante todas as horas de vigília.

Neste aspecto, existe uma grande diferença entre homens e mulheres. Parece que os homens esquecem com mais facilidade do trabalho do que as mulheres. No caso das mulheres cujo trabalho é o lar, isso é natural, já que não se deslocam como os homens, os quais, ao saírem do trabalho, ficam mais bem-humorados. Contudo, se não estou enganado, as mulheres que trabalham fora são tão diferentes dos homens nesse aspecto como as que trabalham em casa. Para elas é muito difícil interessar-se por algo que não tenha importância prática para suas vidas. Os propósitos que alimentam dirigem seus pensamentos e atividades, e quase nunca se deixam absorver por um interesse totalmente irresponsável. Não desconheço que haja exceções, mas registro aqui apenas o que me parece ser a norma geral. Em um colégio feminino, por exemplo, as professoras, se não houver nenhum homem por perto, continuam falando de suas turmas depois das aulas, ao passo que isso não acontece num colégio masculino. As mulheres julgam que isso demonstra que são mais conscienciosas do que os homens, mas não creio que a longo prazo tal comportamento melhore a qualidade de seu trabalho. Pode até causar certa estreiteza de perspectivas que, não raro, conduz a uma espécie de fanatismo.

Todos os interesses impessoais, além de sua importância como fator de relaxamento, têm outras vantagens. Para começar, ajudam a manter o senso da proporção. É fácil deixarmo-nos absorver por nossos próprios projetos, nosso círculo de amizades, nosso tipo de trabalho, até o ponto de esquecermos que tudo isso constitui uma parte mínima da atividade humana total — e também pensarmos que a maior parte do mundo em nada afeta o que fazemos. O leitor pode perguntar: por que devo me lembrar disso? Tenho várias respostas. Em primeiro lugar, é bom ter uma imagem do mundo tão completa quanto nos permitam nossas atividades necessárias. Nenhum de nós vai ficar muito tempo neste mundo, e cada qual, durante os poucos anos de sua vida, precisa aprender o máximo que puder saber sobre este estranho planeta e sua posição no universo. Não aproveitar as oportunidades de conhecimento, por mais imperfeitas que sejam, é como ir ao teatro e não prestar atenção na peça. O mundo está cheio de fatos trágicos ou cômicos, heroicos, extravagantes ou surpreendentes, e aqueles que não encontram interesse no espetáculo estão renunciando a um dos privilégios que a vida nos oferece.

Por outro lado, o senso de proporção torna-se muito útil e às vezes bastante consolador. Todos somos propensos à excitação exagerada, à preocupação exagerada, à impressão exagerada da importância do pequeno pedacinho de terra em que vivemos, e do pequeno espaço de tempo compreendido entre nosso nascimento e nossa morte. Toda essa excitação e essa supervalorização de nossa própria importância nada têm de bom. É certo que nos fazem trabalhar mais, mas não nos farão trabalhar melhor. É preferível pouco trabalho com bom resultado a muito trabalho com mau resultado, embora não seja esse o pensamento dos partidários da vida superativa. Os que se preocupam muito com seu trabalho se acham em constante perigo de cair no fanatismo, que consiste basicamente em recordar uma ou duas coisas desejáveis, esquecendo-se de todas as demais, e supor que qualquer dano incidental que causemos, tratando de conseguir essas coisas, não tem importância. Não existe melhor precaução contra esse temperamento fanático que uma concepção ampla da vida humana e de sua posição no universo. Pode parecer que estamos invocando uma concepção demasiadamente grande para a ocasião, mas, fora desta aplicação particular, é algo que tem um grande valor por si só.

Um dos defeitos da moderna educação superior é que ela se transformou num puro treinamento para adquirir certas habilidades e cada vez se preocupa menos em ampliar a mente e o coração por meio do exame imparcial do mundo.

Vamos imaginar que estejamos empenhados em uma campanha política e que trabalhamos com todas as nossas forças pela vitória de nosso partido. Até aí, tudo bem. Mas ao longo da campanha pode perfeitamente acontecer que se apresente alguma oportunidade de vitória que implique o uso de métodos calculados para fomentar o ódio, a violência e a desconfiança. Por exemplo, podemos ter a ideia de que a melhor tática para ganhar uma disputa seja insultando uma nação estrangeira. Se nosso alcance mental só abrange o presente, ou se assimilamos a doutrina de que importa apenas o que chamamos de eficiência, adotaremos esses métodos tão equívocos. Pode ser que graças a eles consigamos atingir nossos propósitos imediatos, mas a longo prazo as consequências mostram-se desastrosas.

Em contrapartida, se nossa bagagem mental inclui as épocas passadas da humanidade, sua lenta e parcial saída do estado de barbárie e a brevidade de toda a sua história em comparação com os períodos astronômicos, se essas ideias modelaram nossos sentimentos habituais, nos daremos conta de que a batalha momentânea em que estamos empenhados não pode ser tão importante a ponto de nos arriscarmos a dar um passo atrás, retrocedendo às trevas de onde tão lentamente saímos. Além disso, se somos derrotados em nosso objetivo imediato, nos servirá de sustento esse mesmo sentido do momentâneo que nos levou a rechaçar o uso de métodos degradantes. Mais além de nossas atividades imediatas, teremos objetivos a longo prazo — que pouco a pouco irão tomando forma —, nos quais uma pessoa não será um indivíduo isolado, mas sim parte do grande exército daqueles que têm guiado a humanidade para uma existência civilizada. Quem haja adotado essa maneira de pensar nunca se verá abandonado por uma certa felicidade de fundo, seja qual for sua sorte pessoal. A vida se transformará em uma comunhão com os grandes de todas as épocas e a morte pessoal não será mais que um incidente sem importância.

Se me coubesse organizar a educação superior, como acredito que deveria ser, procuraria substituir as velhas religiões ortodoxas — que atraem muito poucos jovens, e sempre os menos inteligentes e mais obscurantistas — por algo que talvez não possamos chamar de religião, já que trata simplesmente de concentrarmos a atenção em fatos bem comprovados. Tentaria fazer com que os jovens adquirissem uma viva consciência do passado, que se tornassem plenamente conscientes de que o futuro da humanidade será, quase com toda a segurança, incomparavelmente mais longo que seu passado e que, também, adquirissem plena consciência de quanto é pequeno o planeta no qual vivemos, tanto quanto de que a vida neste planeta não passa de um incidente passageiro. Juntamente a tais fatos, que põem em realce a insignificância do indivíduo, apresentaria a esses jovens outro conjunto de fatos, esboçados para gravar em suas mentes a grandeza de que é capaz o indivíduo e convencê-los de que em toda a profundidade do espaço estelar nada que tenha tanto valor é conhecido. Há muito Spinoza escreveu sobre a servidão e a liberdade. Devido a seu estilo e a sua linguagem, suas ideias são de difícil acesso, exceto para os estudantes de filosofia, mas o que pretendo dizer aqui distingue-se muito pouco do que ele disse.

Uma pessoa que tenha percebido o que seja a grandeza de alma, ainda que temporária e brevemente, já não poderá ser feliz, caso se deixe transformar em um ser mesquinho, egoísta, atormentado por males triviais, com medo do que lhe haja reservado o destino. A pessoa capaz de grandeza de alma abrirá de par em par as janelas de sua mente, deixando que penetrem livremente através delas os ventos de todas as partes do universo. Ela verá a si própria, verá a vida e verá o mundo com toda a verdade que nossas limitações humanas permitam; dando-se conta da brevidade e da insignificância da vida humana, e compreenderá, também, que nas mentes individuais se acha concentrado tudo o que de valor existe no universo conhecido. Comprovará que o homem, cuja mente espelha o mundo, chega a ser, em certo sentido, tão grande quanto o mundo. E experimentará, inclusive, uma profunda alegria ao emancipar-se dos medos que assombram o escravo das circunstâncias — e, no fundo, continuará sendo feliz, malgrado todas as vicissitudes de sua vida exterior.

Deixando à parte tão elevadas especulações e voltando a nosso tema mais imediato, que é a importância dos interesses impessoais, há outro aspecto que os converte em grande ajuda para alcançar a felicidade. Até no caso das vidas mais afortunadas há momentos em que tudo vai mal. Com exceção dos solteiros, poucos homens não terão brigado com suas esposas; poucos pais não terão passado momentos de grande angústia por causa das doenças de seus filhos; poucos homens de negócios se terão livrado de períodos de insegurança econômica; poucos profissionais não terão vivido épocas em que o fracasso não os espreitasse.

Nessas ocasiões, a capacidade de nos interessarmos por algo sem relação com a causa da ansiedade representa uma vantagem enorme. Nesses momentos em que, malgrado a angústia, não podemos fazer nada de imediato, alguns jogam xadrez, outros leem romances policiais, outros se dedicam à astronomia popular e outros ainda se consolam lendo acerca de escavações em Ur, na Caldeia. Todos fazem bem. Já aquele que nada faz para distrair a mente e permite que suas preocupações adquiram absoluto controle sobre ele, comporta-se como um insensato e perde a capacidade de enfrentar seus problemas quando chega o momento de agir. Podemos dizer algo semelhante quanto às desgraças irreparáveis, como, por exemplo, a morte de um ente querido. Não nos convém deixarmos dominar pelos sofrimentos. A dor é inevitável e natural, mas devemos nos esforçar ao máximo para reduzi-la. É puro sentimentalismo pretender extrair da desgraça, como fazem alguns, até a última gota de sofrimento.

Naturalmente, não nego que uma pessoa possa estar destroçada pelo sofrimento; estou dizendo apenas que devemos fazer todo o possível para sair desse estado e buscar alguma distração, por mais banal que seja, desde que não se trate de algo nocivo ou degradante. Entre as que considero nocivas e degradantes estão o álcool e as drogas, cujo propósito é destruir o pensamento, pelo menos momentaneamente. O que há a fazer não é destruir o pensamento, mas orientá-lo por novas vias ou, pelo menos, por caminhos distanciados da desgraça atual. Isto é difícil de fazer se até o momento a vida se concentrou em uns poucos interesses e se esses poucos interesses acham-se agora mergulhados no sofrimento. Para suportar bem a desgraça quando esta se apresenta, convém havermos cultivado em tempos mais felizes certa variedade de interesses, para que nossa mente possa encontrar um refúgio inalterado que lhe sugira outras associações e outras emoções diferentes daquelas que tornam tão insuportável o momento presente.

Uma pessoa com suficiente vitalidade e entusiasmo superará todas as desgraças, porque, depois de cada golpe, manifestará um interesse pela vida e pelo mundo que não pode ser tão estreitado a ponto de uma perda lhe ser fatal. Deixarmo-nos derrotar por uma perda, ou por várias, inclusive, não é algo digno de admiração como prova de sensibilidade, mas sim algo que devia ser deplorado como uma falha de vitalidade. Todos os nossos entes queridos estão sujeitos à morte, que pode golpear a qualquer momento a quem mais amamos. Portanto, é preciso que não vivamos com essa estreita intensidade que põe todo o sentido e o propósito da vida à mercê de um acidente.

Por tudo isso, aquele que aspira à felicidade, sabendo o que faz, procurará adquirir alguns interesses secundários, além dos interesses fundamentais sobre os quais construiu sua própria vida.

Capítulo XVI
Esforço e resignação

O meio-termo é uma doutrina desinteressante. Lembro-me de que quando era jovem rejeitava-a com desprezo e indignação, porque o que então admirava eram os radicalismos heroicos. Sem dúvida, a verdade não é sempre interessante e nós acreditamos em muitos fatos somente porque são interessantes, embora na verdade haja apenas evidências a seu favor. Com o meio-termo passa-se justamente isto: parece uma doutrina desinteressante, mas em muitos e muitos aspectos é verdadeira.

Um aspecto, por exemplo, em que é necessário nos atermos ao meio-termo é na questão do equilíbrio entre esforço e resignação. Ambas as doutrinas tiveram extremados defensores. A doutrina da resignação foi pregada por santos e místicos; a do esforço, preconizada pelos especialistas em eficiência e pelos cristãos esforçados. Cada uma dessas escolas, confrontadas, tinha sua cota de verdade, mas não toda a verdade. Neste capítulo, proponho-me tentar ser o fiel da balança e começarei falando a favor do esforço.

Exceto em raríssimos casos, a felicidade não é algo que nos venha à boca, como uma fruta madura, por uma simples concorrência de circunstâncias propícias. Por isso dei a este livro o título de *A conquista da felicidade*. Porque num mundo tão repleto de desgraças evitáveis e inevitáveis, de doenças e de transtornos psicológicos, de luta, pobreza e má vontade, o homem ou a mulher que queira ser feliz precisa encontrar maneiras de enfrentar as múltiplas causas de infelicidade que assediam qualquer pessoa. Em alguns casos excepcionais pode ser que não requeira muito esforço. Um homem de bom caráter, que herda uma grande fortuna, goza de boa saúde e tem desejos simples, pode passar a vida muito a gosto e pensar que tudo isso é muito.

Uma mulher bonita e indolente que se case com um homem rico, que não lhe exija nenhum esforço, e que não se importe em engordar depois de casada, também poderá desfrutar de uma certa vida preguiçosa, desde que tenha boa sorte com os filhos. Mas tais casos são excepcionais. A maioria das pessoas não é rica; muitas não nascem com bom caráter; muitas têm paixões inquietas que fazem com que a vida tranquila e ordenada lhes pareça insuportavelmente aborrecida. A saúde é uma bênção que ninguém tem garantida para sempre e o matrimônio não é invariavelmente uma fonte de felicidade. Por tudo isso, para a maioria dos homens e mulheres, a felicidade precisa ser uma conquista e não uma dádiva dos deuses; e, nesta conquista, o esforço — para fora e para dentro — desempenha um papel importante. No esforço para dentro se acha incluído também o esforço necessário para a resignação. Assim, por enquanto, consideremos apenas o esforço para fora.

No caso de qualquer pessoa, homem ou mulher, que tenha que trabalhar para ganhar a vida, a necessidade de esforçar-se neste aspecto é tão óbvia que não há o que falar dela. É verdade que um faquir indiano pode ganhar a vida sem esforço, limitando-se a passar uma sacola dentro da qual os crentes joguem suas esmolas, mas nos países ocidentais em que me baseei, as autoridades não veem com bons olhos esse método de conseguir dinheiro. Além disso, nesses países o clima é menos agradável do que nos países mais quentes e secos; no inverno poucas pessoas são tão preguiçosas para preferirem nada fazer ao ar livre em vez de trabalhar em recintos quentes. Assim, no Ocidente só a resignação não é um bom caminho para fazer fortuna.

A maioria dos habitantes dos países ocidentais necessita, para ser feliz, de algo mais do que apenas suprir suas necessidades básicas; desejam sentir que têm êxito. Em algumas profissões, como, por exemplo, a investigação científica, esta sensação está ao alcance de pessoas que não ganham um grande salário, mas na maioria das profissões o êxito é aquilatado pelos ganhos. E aqui tocamos em um assunto no qual é quase sempre conveniente um pouco de resignação, já que em um mundo competitivo o êxito manifesto só é possível para uma minoria.

O casamento é uma questão em que, dependendo das circunstâncias, o esforço pode ser necessário ou não. Quando um sexo está em minoria, como acontece com os homens na Inglaterra e com as mulheres na Austrália, os membros desse sexo não costumam ter que fazer muito esforço para se casarem, se tiverem esse desejo. Já com os membros do sexo majoritário ocorre o contrário. Basta passar os olhos pelos anúncios das revistas femininas para ver a quantidade de energia e de pensamento que gastam nesse sentido as mulheres dos países em que são maioria. Quando são os homens que estão em maioria, costumam adotar métodos mais eficazes, como a habilidade com o revólver. O que é natural, pois as populações majoritariamente masculinas costumam ocorrer nas fronteiras da civilização. Não sei o que fariam os ingleses se uma epidemia seletiva deixasse a Inglaterra com uma maioria de homens; talvez se sentissem obrigados a recuperar a galanteria de épocas passadas.

A quantidade de esforço que a boa criação dos filhos requer é tão evidente que não creio que ninguém seja capaz de negá-la. Os países que acreditam na resignação e na erroneamente denominada visão "espiritual" da vida, são países com grande mortalidade infantil. A medicina, a higiene, a assepsia, a dieta saudável não são conseguidas sem preocupações mundanas; requerem energia e inteligência aplicadas ao ambiente material. Aqueles que acreditam que a matéria é uma ilusão podem pensar o mesmo da sujeira e, com isso, causar a morte dos filhos.

Falando em termos mais gerais, poderíamos dizer que é normal e legítimo que toda pessoa, cujos desejos naturais não estejam atrofiados, aspire a algum tipo de poder. O tipo de poder que cada um deseja depende de suas paixões predominantes. Uns desejam poder sobre as ações dos demais, outros desejam poder sobre seus pensamentos e outros, ainda, sobre suas emoções. Alguns desejam mudar o ambiente material, outros desejam a sensação de poder derivado da superioridade intelectual. Toda espécie de trabalho público carrega consigo o desejo de algum tipo de poder, a menos que ele tenha sido escolhido por um homem que viesse unicamente a tornar-se rico mediante corrupção. O homem que age movido pelo puro sofrimento altruísta que lhe causa o espetáculo da miséria humana — se tal sofrimento é genuíno — desejará poder para mitigar a miséria. As únicas pessoas totalmente indiferentes ao poder são as que mostram completa indiferença em relação ao próximo. Assim, devemos admitir que desejar alguma forma de poder é algo natural nas pessoas capazes de fazerem parte de uma comunidade saudável. E todo desejo de poder traz consigo, caso não se veja frustrado, uma forma correspondente de esforço. Para a mentalidade ocidental, esta conclusão pode parecer um lugar-comum, mas não são poucos os ocidentais que flertam com o que costumamos chamar de "a sabedoria do Oriente", precisamente quando o Oriente a está abandonando, embora eu reconheça que isto é bastante discutível.

A resignação também desempenha um papel na conquista da felicidade e este é um papel tão imprescindível como o do esforço. O sábio, embora não permaneça parado diante das desgraças evitáveis, não gastará mal seu tempo e suas emoções com as inevitáveis e, inclusive, tolerará algumas desgraças evitáveis, se, para evitá-las, precisar do tempo e da energia que prefere dedicar a fins mais importantes. Muitos se impacientam ou se enfurecem diante do menor contratempo e, dessa forma, desperdiçam grande quantidade de energia que poderia ser empregada em algo mais útil. Inclusive, quando alguém se acha empenhado em assuntos realmente importantes, não é prudente comprometer-se emocionalmente até o ponto de a ideia de um possível fracasso se transformar em uma constante ameaça para a paz mental. O cristianismo pregava a submissão à vontade de Deus, e até os que não aceitam esta terminologia deveriam ter presente algo parecido em todas as suas atividades. A eficiência numa tarefa prática não é proporcional à emoção que depositamos nela; de fato, a emoção é muitas vezes um obstáculo para a eficiência. A atitude mais conveniente é tudo fazer da melhor forma possível, mas contando com os acasos. Existem dois tipos de resignação: um se baseia no desespero e o outro, numa esperança inalcançável. O primeiro tipo é ruim, o segundo, bom. Aquele que sofreu um revés tão terrível a ponto de perder toda a esperança de conseguir algo bom pode aprender a resignação do desespero e, ao fazê-lo, abandonará toda atividade séria. Pode disfarçar seu desespero com frases religiosas, ou dizendo que a contemplação é o fim natural do homem, mas, por mais disfarces que utilize para ocultar sua derrota interior, continuará sendo uma pessoa inútil e profundamente infeliz.

Em contrapartida, a pessoa cuja resignação se baseia numa esperança inalcançável age de maneira muito diferente. Para que essa esperança seja inalcançável, precisa ser algo grande e impessoal. Sejam quais forem minhas atividades pessoais, posso ser derrotado pela morte ou por certas doenças; posso ser vencido por meus inimigos; posso dar-me conta de que trilhei um caminho equivocado que não pode levar ao êxito. As esperanças puramente pessoais podem fracassar de mil maneiras diferentes, todas inevitáveis; mas se os objetivos pessoais faziam parte de um projeto mais amplo, que diga respeito à humanidade, a derrota não é tão completa quando fracassamos.

O homem de ciência que deseja fazer grandes descobertas talvez não o consiga, ou seja obrigado a deixar de lado seu trabalho por causa de uma pancada na cabeça, mas, se seu maior desejo é o progresso da ciência — e não apenas sua contribuição pessoal para tal objetivo — não sentirá o mesmo desespero que sentiria um homem cujas investigações tivessem motivos puramente egoístas. O homem que trabalha a favor de uma reforma necessária pode deparar-se com a eventualidade de que uma guerra anule quase todos os seus esforços e, assim, se ver obrigado a assumir que a causa pela qual trabalhou não se tornará realidade no tempo que ainda lhe resta de vida. No entanto, se o que lhe interessa é o futuro da humanidade, e não sua própria participação nele, não será por isso que mergulhará no desespero absoluto.

Nos casos que considerei, a resignação é difícil; mas há outros casos em que se torna mais fácil. Refiro-me a casos em que apenas questões secundárias dão errado, ao passo que os assuntos importantes da vida continuam oferecendo perspectivas de êxito. Como ilustração, há o homem que está trabalhando num projeto importante e se deixa distrair por seus problemas conjugais porque lhe falta o tipo adequado de resignação.

Caso seu trabalho fosse realmente absorvente, deveria considerar tais problemas como circunstanciais, assim como reagimos diante de um dia de chuva — ou seja, como uma doença por cuja ocorrência seria uma tolice criar uma confusão.

Há pessoas incapazes de suportar com paciência as pequenas contrariedades que constituem, se nada fizermos contra isso, uma parte grande da vida. Ficam furiosas quando perdem um trem, têm ataques de raiva se a comida não está bem cozida, afogam-se em desespero se houve um corte de dois minutos na energia elétrica ou clamam por vingança contra todo o sistema industrial quando a roupa demora a chegar da lavanderia. Essa energia, que tais pessoas gastam em problemas banais, bem-empregada, poderia fazer e desfazer impérios. O sábio não fica vigiando a poeira que a empregada deixou de limpar, a batata que não cozinhou suficientemente, a fuligem que o limpador de chaminés não removeu. Não digo que não tome medidas para remediar tais fatos, se tiver tempo para isso; o que afirmo é que ele cuida dessas ninharias sem emoção. A preocupação, a impaciência e a irritação são emoções que para nada servem. Aqueles que experimentam essas emoções com força podem dizer que são incapazes de dominá-las e não estou certo de que possam ser dominadas, se não for com essa resignação fundamental de que falei antes. Esse mesmo tipo de concentração em grandes projetos impessoais, que permite suportar o fracasso pessoal no trabalho ou os problemas de um casamento infeliz, serve também para nos levar à paciência quando perdemos um trem ou a comida não está a nosso gosto. Se alguém tem um caráter irritável, não creio que se possa curar de nenhum outro modo.

Aquele que conseguiu livrar-se da tirania das preocupações descobre que a vida é muito mais alegre do que quando estava perpetuamente irritado. As idiossincrasias de seus conhecidos, que antes o deixavam possesso, agora lhe parecem uma bobagem. Se um amigo está contando pela tricentésima quadragésima sétima vez a piada do papagaio que se disfarçou de galo para dar em cima das galinhas, se distrairá tomando nota do número de vezes em que está sendo contada e não tentará desmerecer a piada do outro. Se descobre que os cadarços dos sapatos não estão amarrados exatamente no instante em que precisa correr para pegar o trem da manhã, pensará depois, com mais calma, que o incidente não tem qualquer importância na história do cosmo. Se um vizinho impertinente o interrompe quando está prestes a propor casamento a uma moça, pensará que toda a humanidade já passou por situações semelhantes, exceto Adão, embora até mesmo ele tivesse tido seus problemas. Não há limites para o que podemos fazer para consolarmo-nos das pequenas contrariedades mediante analogias e paralelismos, por mais estranhos e curiosos que sejam.

Acredito que toda pessoa civilizada, homem ou mulher, tem uma imagem de si e sente-se incomodada quando acontece algo que parece empaná-la. O melhor remédio é não ter só uma imagem, mas uma galeria delas, e selecionar a mais adequada para o incidente em questão. Se alguns dos retratos são um pouco ridículos, e daí?, não é nada prudente nos vermos durante todo o tempo como heróis de tragédia clássica. Mas também não recomendo que alguém se veja sempre como um palhaço de comédia, pois os que fazem isso ficam ainda mais irritantes; precisamos de um pouco de tato para escolher um papel adequado à situação. Naturalmente, se alguém é capaz de esquecer de si e não representar nenhum papel, parece-me admirável. Entretanto, se estamos acostumados a representar papéis, é melhor nos valermos de um repertório para evitar a monotonia.

Muitas pessoas ativas acham que o menor pedacinho de resignação, a mais ligeira centelha de humor destruiriam a energia com que fazem seu trabalho e a determinação graças à qual conseguem seus êxitos. Acho que estão erradas. Os trabalhos que valem a pena também podem ser feitos por pessoas que não se enganam quanto a sua importância e à facilidade com que podem ser feitos. Aqueles que precisam enganar a si próprios para fazerem seu trabalho deveriam aprender a enfrentar a verdade antes de dar prosseguimento a sua carreira, porque, cedo ou tarde, a necessidade de apoiar-se em mitos fará com que seu trabalho se torne prejudicial, em vez de benéfico. É melhor não fazermos nada do que causarmos danos. O tempo dedicado a aprender a apreciar os fatos não é tempo perdido — e o trabalho que venhamos a fazer depois terá menos possibilidade de tornar-se prejudicial do que o trabalho feito por aqueles que precisam inchar constantemente seu próprio ego para se sentirem estimulados. É necessária certa resignação para ousarmos enfrentar a verdade sobre nós próprios. Este tipo de resignação pode causar dor nos primeiros momentos, mas a longo prazo protege — na verdade, é a única proteção possível — contra as decepções e as desilusões a que se expõe aquele que engana a si mesmo. Com o tempo, nada há de mais cansativo e exasperante do que nos esforçarmos dia após dia para acreditar nas coisas que vão se tornando cada vez mais incríveis. E ficarmos livres desse esforço é uma condição indispensável para a felicidade segura e duradoura.

Capítulo XVII
O homem feliz

Não resta dúvida de que a felicidade depende em parte de circunstâncias externas e, em parte, da própria pessoa. Neste livro, estive preocupado com o segundo aspecto da questão e cheguei à conclusão de que, quanto a isso, a receita da felicidade é bastante simples. Muitos acham — e entre estes devemos naturalmente incluir Krutch, de quem falamos no Capítulo 2 — que a felicidade é impossível sem crenças mais ou menos religiosas. Muitas pessoas infelizes julgam que seus sofrimentos têm causas complicadas e extremamente intelectualizadas. Quanto a mim, não acredito que isso seja causa de felicidade ou de infelicidade autênticas. Acho que são apenas sintomas. Como regra geral, a pessoa desafortunada tende a adotar um credo desafortunado, e a pessoa feliz adota um credo feliz. Cada qual atribui sua felicidade ou infelicidade a suas crenças, quando o que acontece é exatamente o contrário. Há certas coisas que são indispensáveis para a felicidade da maioria das pessoas, mas são coisas simples: comida e casa para morar, saúde, amor, um trabalho satisfatório e o respeito dos outros. Para algumas pessoas, é também indispensável ter filhos. Quando nada disso existe, somente as pessoas excepcionais podem alcançar a felicidade. Mas se tudo isso, no fim das contas, pode ser obtido por meio de um esforço bem-orientado, aquele que continua sendo infeliz sofre de algum desajuste psicológico, o qual, se for grave, pode exigir a intervenção de um psiquiatra. Nos casos normais, o próprio paciente pode curar a si próprio, desde que examine o caso de maneira correta.

Quando as circunstâncias externas não são francamente adversas, a felicidade deveria estar ao alcance de qualquer um, sempre que suas paixões e seus interesses se dirijam para o exterior e não para seu interior. Assim, deveríamos nos propor, tanto na educação quanto em nossa intenção de nos adaptarmos ao mundo, evitar paixões egoístas e adquirir afetos e interesses que impeçam que nossos pensamentos girem perpetuamente em torno de nós próprios. A rigor, ninguém pode ser feliz atrás das grades, e as paixões que nos encerram dentro de nós mesmos constituem um dos piores tipos de cárcere. As mais comuns entre essas paixões são o medo, a inveja, o sentimento de culpa, a autocompaixão e a autoadmiração. Em todas elas, nossos desejos se concentram em nós mesmos: não existe um interesse genuíno pelo mundo exterior, só a preocupação de que possa nos causar mal ou deixar de alimentar nosso ego. É em virtude do medo que a pessoa resiste a admitir os fatos e se predispõe a encapsular-se num protetor abrigo de mitos. Mas os incidentes desagradáveis penetram no abrigo e aqueles que estavam habituados a ficar protegidos sofrem mais do que os que se temperaram, enfrentando as agruras da vida. Além disso, os que se iludem costumam saber que, no fundo, estão errados, e vivem em um estado de apreensão, temendo que algum acontecimento funesto os obrigue a aceitar realidades desagradáveis.

Um dos piores inconvenientes das paixões egocêntricas é que tiram muita variedade da vida. É verdade que não podemos acusar aquele que ama a si próprio de promiscuidade em seus afetos, mas de qualquer modo ele está condenado a sofrer um tédio insuportável por causa da invariável monotonia do objeto de sua devoção. Aquele que sofre por causa do sentimento de culpa sofre de um determinado tipo de narcisismo. Em todo o vasto universo, o único fato que lhe parece de importância central é que ele deveria ser virtuoso. Um grave defeito de certas formas de religião tradicional produziu esse tipo concreto de introspecção.

O homem feliz é aquele que vive objetivamente, aquele que é livre em seus afetos e conta com amplos interesses, aquele que assegura para si a felicidade por meio desses interesses e afetos, os quais, por sua vez, o convertem em objeto do interesse e do afeto de muitos outros. O amor que as pessoas sentem por nós é uma causa importante de felicidade, mas o carinho não é concedido àquele que mais o solicita. De uma maneira geral, recebe carinho aquele que sabe dar. No entanto, nos é inútil concedê-lo de forma calculada, como quem empresta dinheiro a juros, porque um afeto calculado não é genuíno e quem o recebe não o sente como tal.

Que pode fazer um homem que é infeliz porque está trancado em si? Enquanto continuar pensando nas causas de sua infelicidade, permanecerá centrado em si e não poderá sair desse círculo vicioso; se quiser sair, terá de fazê-lo por meio de interesses autênticos, não por intermédio de interesses simulados, só adotados como paliativos. Embora seja realmente difícil, aquele que diagnosticou corretamente seu problema pode fazer muito por si. Se o problema se deve, por exemplo, ao sentimento de culpa, consciente ou inconsciente, o primeiro passo é convencer a mente consciente de que não existe nenhum motivo para sentir-se culpada, em seguida, utilizando a técnica que recomendamos em capítulos anteriores, deve implantar esta convicção racional na mente subconsciente, mantendo-se enquanto isso ocupado com alguma atividade mais ou menos neutra. Se conseguir extinguir o sentimento de culpa, é possível que surjam espontaneamente interesses realmente objetivos.

Se o problema é a autocompaixão, o tratamento pode ser o mesmo, depois de haver se convencido de que seu caso não é assim tão extraordinariamente desventuroso. Se o problema é o medo, pode praticar exercícios para adquirir valor. O valor na guerra é reconhecido desde tempos imemoriais como uma virtude importante, e grande parte da formação das crianças e dos jovens tem sido dedicada a modelar um tipo de caráter capaz de entrar em combate sem medo. Mereceram menos estudos, porém, o valor moral e o valor intelectual, que também têm sua técnica. Obrigue-se a reconhecer a cada dia pelo menos uma verdade dolorosa; comprovará que ela é tão útil como a boa ação diária dos escoteiros. Aprenda a sentir que a vida valeria a pena ser vivida ainda que você não fosse incomparavelmente superior a todos os seus amigos em virtudes e inteligência. Os exercícios desse tipo, praticados durante vários anos, permitirão a você, por fim, admitir fatos sem se acovardar e, dessa forma, o liberarão do domínio do medo em muitas e muitas circunstâncias.

A questão de saber que interesses objetivos surgirão em nós, depois de havermos superado a doença do egocentrismo, deve ser deixada ao funcionamento espontâneo de nosso caráter e às circunstâncias externas. Não devemos dizer de antemão "Eu seria feliz se pudesse dedicar-me a colecionar selos" e começarmos imediatamente a colecioná-los, porque pode acontecer que a coleção de selos não se revele nada interessante. Só nos pode ser útil aquilo que realmente nos interessa, mas podemos estar certos de que encontraremos interesses objetivos quando tivermos aprendido a não viver introspectivamente.

A vida feliz é, em grande medida, o mesmo que a boa vida. Os moralistas profissionais insistem muito na abnegação e se equivocam ao fazê-lo. A abnegação deliberada deixa a pessoa absorta em si mesma, intensamente consciente do que sacrificou. Consequentemente, muitas vezes fracassa em seu objetivo imediato e quase sempre em seu propósito último. O que precisamos não é de abnegação, mas sim dessa forma de dirigir o interesse para o mundo exterior, que conduz de maneira espontânea e natural aos mesmos atos que uma pessoa absorta na consecução de sua própria virtude só poderia realizar por meio da abnegação consciente.

Eu escrevi este livro como hedonista, ou seja, como alguém que considera que a felicidade é o bem, mas os atos recomendados a partir do ponto de vista do hedonista são, em geral, os mesmos que um moralista sensato recomendaria. O moralista costuma tender, mas não em todos os casos, a dar mais importância ao ato do que ao estado mental. Os efeitos do ato sobre o agente serão muito diferentes, de acordo com seu estado mental no momento. Se vemos uma criança morrendo afogada e a salvamos, obedecendo a um impulso direto de ajudar, não teremos perdido nada do ponto de vista moral. Mas se dissermos: "É uma virtude ajudar aqueles que se acham em apuros e eu quero ser virtuoso; portanto, devo salvar essa criança", seremos piores depois de salvá-la do que antes de o fazer. O que se aplica a esse caso extremo pode ser aplicado a muitos outros casos menos óbvios.

Existe outra diferença, algo mais sutil, entre a atitude diante da vida que eu recomendo e aquela que os moralistas tradicionais recomendam. O moralista tradicional, por exemplo, dirá que o amor não deve ser egoísta. Ele tem alguma razão, ou seja, não deve ser egoísta além de certo ponto, porém não há dúvida de que deve ser de tal condição que seu êxito suponha a felicidade daquele que ama. Se um homem pedisse a uma mulher que se casasse com ele, explicando que deseja tal enlace porque está pensando ardentemente na felicidade dela e, porque, além disso, a relação proporcionaria a ele grandes oportunidades de praticar a abnegação, não acredito que a mulher viesse a se sentir muito homenageada. Não há dúvida de que devemos desejar a felicidade daqueles que amamos, mas não como alternativa à nossa. Com efeito, toda a oposição entre uma pessoa e o restante do mundo, implícita na doutrina da abnegação, desaparece quando sentimos autêntico interesse por pessoas ou coisas distintas de nós mesmos. Por meio desses interesses, chegamos a nos sentir parte do fluxo da vida, não uma entidade dura e à parte, como uma bola de bilhar que não mantém com suas semelhantes senão a relação da colisão.

Toda infelicidade se baseia em algum tipo de desintegração ou falta de integração. Há desintegração quando falta a coordenação entre a mente consciente e a subconsciente. Há falta de integração entre o eu e a sociedade quando ambos não estão unidos pela força de interesses e afetos objetivos. O homem feliz é aquele que não sofre de nenhuma dessas duas falhas de unidade, aquele cuja personalidade não está cindida em si mesma nem em confronto com o mundo. Um homem assim sente-se cidadão do mundo e goza livremente do espetáculo que este lhe oferece e das alegrias com que lhe brinda, sem temer a ideia da morte, porque na verdade não se sente separado dos que virão depois dele. Nesta união profunda e instintiva com a corrente da vida é que se encontra a suprema bem-aventurança.

Direção editorial
Daniele Cajueiro

Editora responsável
Ana Carla Sousa

Produção editorial
Adriana Torres
Laiane Flores
Daniel Dargains

Revisão
Eduardo Carneiro

Diagramação
Larissa Fernandez Carvalho

Capa
Sérgio Campante

Este livro foi impresso em 2023, pela Vozes,
para a Editora Nova Fronteira.